环境变迁、组织变革与产业演化的研究

HUANJING BIANQIAN, ZUZHI BIANGE
YU CHANYE YANHUA DE YANJIU

逯笑微 著

中国财经出版传媒集团

经济科学出版社
Economic Science Press

图书在版编目（CIP）数据

环境变迁、组织变革与产业演化的研究/逯笑微著.
—北京：经济科学出版社，2022.5
ISBN 978-7-5141-6541-8

Ⅰ.①环…　Ⅱ.①逯…　Ⅲ.①经济学-研究　Ⅳ.①F0

中国版本图书馆CIP数据核字（2016）第014599号

责任编辑：谭志军　李　军
责任校对：郑淑艳
责任印制：范　艳

环境变迁、组织变革与产业演化的研究
逯笑微　著
经济科学出版社出版、发行　新华书店经销
社址：北京市海淀区阜成路甲28号　邮编：100142
总编部电话：010-88191217　发行部电话：010-88191522
网址：www.esp.com.cn
电子邮箱：esp@esp.com.cn
天猫网店：经济科学出版社旗舰店
网址：http://jjkxcbs.tmall.com
北京季蜂印刷有限公司印装
710×1000　16开　10印张　120000字
2022年5月第1版　2022年5月第1次印刷
ISBN 978-7-5141-6541-8　定价：48.00元
（图书出现印装问题，本社负责调换。电话：010-88191510）

前　言

伴随着全球经济的进一步融合，产业发展和企业成长面临更为动荡的环境。而我国经济在经历了三十年的高速成长后，进入了转变发展模式和转换增长动力的关键阶段。这使我国产业和企业面临的发展环境尤为特殊，表现在政治、经济、社会和文化领域均处于重大的变革之中。如何在剧烈变迁的环境中存续和成长，是任何一个身处其中的企业都必须思考的关键问题。同时，产业结构调整、产业升级和企业转型都是转变经济增长方式的基础，只有较好地解决产业发展和企业成长问题，宏观经济才能突破瓶颈，获得新的增长动力。

国内外相关文献对产业系统演化动因和形成机理的研究有失偏颇。部分研究认为产业面临的环境以及环境对产业系统的选择作用是唯一的决定因素。部分研究认为企业组织具有完全理性，能够对环境进行完全的认知，从而自发地进行理性变革和演化，实现与环境的相互适应。事实上，环境对产业演化具有重要的诱导作用，这是产业演化的外部动力。而企业组织面临环境变化带来的生存危机时所采取的主动的适应性变革对产业演化同样具有重要的作用，这构成了产业演化的内部动力。因此，从企业应对生存危机所采取的变革行为，以及由此导致的企业演化和企业间互动行为出发，深入研究产业演化的机理具有重要意义。

本书的基本结论是：

首先，企业系统为解决生存危机而采取的适应环境变迁的行为是产业系统演化的内部动力。由于企业和产业是处于协同演化之中的，企业作为产业演化的主体，在主动适应产业内部环境和外部环境的过程中不断演化，而作为开放性子系统的企业组织之间的互动交流将在产业层面生成新的秩序，从而主导了产业系统的演化；同时，产业系统作为企业演化的环境，也对企业子系统的演化具有重要的影响。产业和企业的演化是相互影响、互为结果的。

其次，企业系统对环境的适应性改变是通过组织变革实现的。环境的变化将改变企业的现有收益率，企业组织将因此而启动学习进程，开始搜寻新信息和新知识。组织学习的结果将诱发组织变革，从而促使企业采取新策略，并引致企业层面的创新。学习、变革、创新将带来企业知识存量的变化和企业对环境适应能力的变化。在这一过程中，企业组织实现了自身的演化。

再次，产业系统演化的自组织动力是企业间的互动。子系统之间的非线性互动是使系统从无序走向有序的重要动力。而企业子系统之间的互动以及在互动中形成的网络是促使产业系统演化的自组织动力。企业间网络的形成源于企业系统之间所具有的知识互补性，而企业之间在网络中的知识交流将极大地改变产业系统的知识存量，产业系统正是在此基础上不断演化的。

最后，产业系统的演化过程一般可以描述为：产业系统在面对不确定性变化的环境时，产业系统内的组成个体——企业系统为获得持续生存和发展所采取的适应性改变行为以及企业之间的互动行为，在选择、变异和复制三大机制下，涌现至产业系统层面，使其呈现出的具有生命周期演化特征的过程。

全书主要包括以下内容：

第1章导言部分，主要介绍了本书的研究主题、研究背景、意义、基础和方法。

第 2 章介绍了本书的理论基础。本章对现有的国内外相关研究进行了回顾和述评，分别从不同的理论体系出发，对产业演化和组织变革的成因和机制进行了分析，并对产业演化的分析逻辑进行了阐述。

第 3 章～第 6 章是本书的核心部分，主要研究企业的组织变革如何引发产业演化的机理。

第 3 章是对由组织变革所引发的企业演化过程的论述。主要内容包括探讨组织变革如何发生，组织变革如何引发企业演化进程，以及作为自组织基础的企业演化在产业演化过程中表现出来的特征。

第 4 章介绍企业之间的互动行为和互动网络。主要研究在微观层面的企业间互动网络对于产业层面的演化秩序形成的作用，包括企业间网络的形成、分类和演化，以及企业间互动网络对产业系统多样性的影响。

第 5 章探讨产业演化的一般过程。主要包括生物演化机制在产业演化过程中的对应，以及产业演化萌芽期、发展期和成熟期的阶段特征。

第 6 章研究产业演化的三大机制以及演化模型。主要内容包括对环境变迁的选择机制，企业层面的学习、变革、互动、创新等复制和变异机制的论述，以及产业演化的基本模型和模型结论的分析。

第 7 章通过对制药产业的演化进程的整体描述，分析主导制药产业演化进程的动力机制，印证产业演化的机理。

第 8 章得出了结论。无论从理论研究或是实证研究角度，本书的研究内容都有待进一步深化，在这一部分也提出了需要完善和探讨的问题和方向。

逯笑微
2022 年 4 月

目 录

第1章

导　言

1.1 研究背景

1.1.1 理论背景和研究目的

在经济学的发展历史上，演化思想的传统由来已久。亚当·斯密所创立的古典经济学就蕴含丰富的演化思想。然而，由于演化研究中需要考虑的因素众多，对于正在兴起的经济学研究而言，内容过于繁杂，不利于研究的体系化。因此演化思想的光辉被更易于量化的物理学均衡思想所掩盖。受当时条件所限，开创了新古典经济学理论的马歇尔不无遗憾地选择了在经济学理论中采用物理学的研究方法，但是仍然将经济学长远发展的目光停留在进化生物理论的演化思想上。马歇尔的选择对经济学的发展产生了深远的影响，自此，将“无足轻重”的影响因素排除在限制严格的假设之外的数理模型成为经济学研究的主流方法。对数理模型的严格假定大大加速了经济学理论化和体系化的进程，然而对精致模型的刻意追求却使经济学越发成为脱离客观现实的孤岛。与此同时，没有被主流经济学采纳的演化思想却以另类的姿态异军突起，不断地冲击主流经济学的核心地位。经济演化思想认为被主流经济学模型排除在外的“无足轻重”的因素恰恰对经济社会的发展具有不可忽视的重要影响。新古典经济学的着眼点在于均衡状态下经济个体的行为，而经济演化思想认为均衡只是经济发展的一个短暂的点，经济社会发展存在许多这样的点，重要的不是在均衡点下经济个体如何表现，而是经济社会在均衡点之间运动发展的过程。

尘埃落定和尘埃如何落定的经典比喻清晰地说明了均衡思想和演化思想的区别。在物理学均衡思想的指导下，产业被描述为在均衡的静止状态下，固定市场结构中企业的行为和绩效表现。可以观察到的事实是，产业本身、处于产业环境中的企业数量以及企业个体的状态是不断变化的，产业呈现出类生命体的周期变化过程。产业为何表现出萌芽、发展、成熟的生命轨迹？是哪些因素通过何种作用机制主导了产业的生命周期过程？相对于静止均衡状态下的行为描述，这些问题显然更接近于经济现实。然而产业的这种变化过程既非主流经济学的研究对象，主流经济学也就无法给出合理的解释。尽管大量研究注意到了这个问题，也曾经试图从各个侧面阐释产业的演化规律，但是囿于主流经济学的研究思想和框架，都无法做出较好的解释。有关产业动态演化的讨论一直不曾停止，却没有形成一个真正以演化思想为主导的产业演化理论框架。

运用演化思想研究产业的生命周期问题无疑是更为适合的。“演化”一词本身就来自进化生物论中的物种更替，将生物学隐喻引入经济学研究后，“演化”的含义就包含了经济体的生命周期现象。将演化思想与产业发展问题结合研究的代表理论主要包括演化经济学和组织生态学。尼尔森和温特（Nelson and Winter）的《经济变迁的演化理论》一书通常被认为是现代演化经济学（evolutionary economics）的肇兴。其中首次将生物学选择理论系统地应用于经济演化领域，并完成了对其的模型化。此后，现代演化经济学进入了快速发展的阶段。与此相类似，汉南和弗里曼（Hannan and Freeman）创立的组织生态学（organizational ecology）借鉴了进化生物理论的自然选择观点，分析社群（community）和种群（population）的生存和适应性问题。演化经济学和组织生态学的共同特点是强调了环境在产业演化过程中的决定作用，而忽略了作为产业组成个体的企业对产业的演化过程的影响。这一点完全承继了生物进化理论的群体决定思维，在环境中生存的生物个体完全处于被决定的地位，个体不具有影响物种发展和湮灭的能动作用。

然而事实并非如此。与生物演化不同的是，作为产业演化个体的企业组织显然不是处于完全被决定和被选择的地位。作为企业成员的集合体，企业组织显然不会在面临生存危机的情况下无动于衷。与生物物种个体相比，企业组织具备能动的适应环境变化的能力。更进一步，企业组织对环境的主动适应甚至在一定程度上改变了环境。与演化经济学和组织生态学的研究思路相反，组织理论的发展则经历了由组织内部向组织外部的研究视角转换，对企业组织与环境关系的认知也经历了由对环境完全可控到部分可控的转变过程。组织理论的发展体现了完全理性思维向有限理性思维的转变，尽管随着认识的深入，企业组织即人的能动作用在逐渐缩小，然而却始终肯定能动适应机制的存在。

环境变化对产业的影响引发产业的演化，此处产业演化是“因变”的；组织对环境的能动适应，促使产业的演化，此处产业演化是“自变”的。正是这两者的共同作用，导致产业呈现出生命周期的演化过程。其中组织对环境的适应要通过企业的变革来实现，而变革的过程和结果表现为组织自身的演化，即组织和产业是处于协同演化之中的。产业和企业的协同演化是一个交互反馈、不断循环的过程，实际上不存在一个起点，为了分析之便，本书将企业的组织变革设为产业和企业协同演化的起点，重点研究以组织变革作为起点的产业演化动态过程和机理。经济演化问题，尤其是将产业的整个生命周期过程作为研究重点的产业演化问题越来受到学术界的广泛重视，与此相关的文献呈现逐年增加的趋势，产业演化问题是目前经济学研究的前沿和热点问题。因此，本书的研究具有一定的学术价值。根据本书的研究进行的实证分析，以及据此提出的政策建议，对于目前我国产业领域存在的相关问题具有重要的实践意义。

1.1.2 现实意义

世界经济的迅速发展使得产业面临的环境呈现出前所未有的高度不确定性和高速变迁性。全球化、信息化、知识化为世界各国的经济发展带来了强烈而广泛的冲击。托夫勒（Toffler）指出，现代环境的特色是过渡性（transience）、新奇性（novelty）与多样性（diversity）。而中国由于经济、政治、社会和文化等各个领域均处于巨大变革之中，使产业发展环境具有更剧烈的不确定性。在这样的环境下，处于发展中的、尚不成熟的我国产业如何应对环境变迁带来的诸多问题？如何在变迁的环境中寻找一个合适的发展模式？

与此同时，处于快速变迁环境中的企业组织受到全面的冲击，为了获得持续成长的能力，需要全面调整以适应环境变迁。组织变革就是组织适应环境变迁，维持生存与发展的重要途径。产业结构变迁、各个产业演化以及企业如何在这些变迁的环境中不断地适应和完善，直接决定了整个国家的经济发展。因此，从企业组织的角度对产业演化机理进行深入研究，具有重大的现实意义。

1.2 研究基础与方法

1.2.1 研究基础

经济演化分析的理论基础与静态均衡完全不同。新古典主义研究的基础是代表性企业、完全理性和静态均衡，而本书研究的基础则是企业的异质性、有限理性和动态演化。

第一，企业组织的异质性。如图1-1所示，新古典经济学的研究运用的是物理学的还原论思维，即宏观层面的现象可以还原到微观个体层面来解释，即总体等于个体的线性加和。这种思维应用到产业领域，必然需要同质性的代表性企业。然而，经济系统中并不存在所谓的代表性企业，企业是具有不同特质的个体。而这些具有异质性的企业个体之间的交互作用，将在宏观层面即产业层面产生出非线性加和的秩序，承认企业的异质性和多样性是产业演化研究的基础。

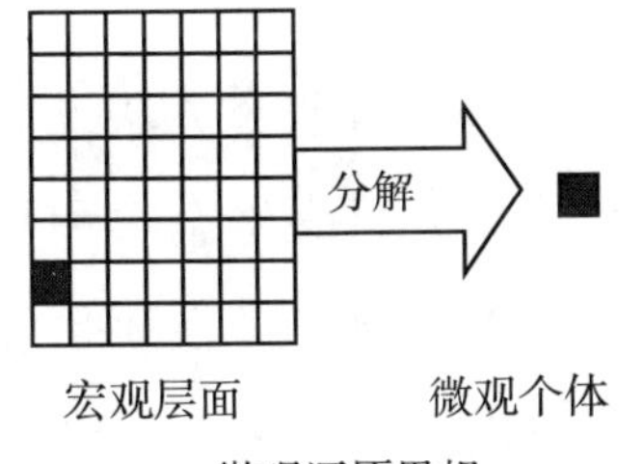

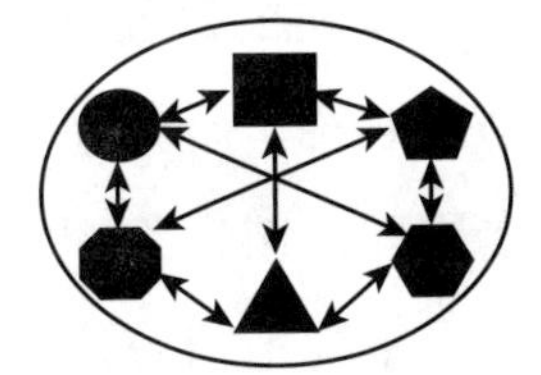

图1-1 微观还原思想与动态演化思想对比

第二，有限理性。经济现实是千变万化的，而人的认知能力是有限的。在面对具有无限可能的经济现实时，人不可能对未来的一切或然事件具备充分的认知，也不可能在备选方案中选择最优解，也就不可能选择出能够产生最大化利润的方案。因此，完全理性是不可能实现的，即便剔除一些偶然因素的影响，人仍旧不可能具有完全理性。有限理性是指参与者具有目标的理性，但是面对复杂的、多元化的、不确定性的社会现实，由于其认知能力的有限性造成参与者在决策时只能达到满意解。承认有限理性的存在，才能很好地解释经济社会的演化进程中，人的能动参与具有重要的作用，人的意志却无法决定演化的方向和过程。

第三，动态演化。由于完全理性和同质性企业，产业中充满了原子式的企业，企业之间没有交互作用，因此不存在过程的概念，时间只是同样状态的点的延续。而具有有限理性的异质性企业是存在交互作用的，企业的多样性使交互作用产生出无穷多的可能状态，从而呈现出纷繁复杂的、不确定的状态起伏，表现为动态演化的过程。承认动态演化的存在，是与可以观察到的经济事实相符合的。

1.2.2　研究方法

（1）跨学科的研究方法。

本书采取科学研究中普遍采用的跨学科综合研究方法，基于经济学基本原理，结合组织理论、演化经济学、组织生态学和复杂性科学等理论系统地研究产业演化的机理问题。例如，在演化经济学的理论框架下，运用系统科学和组织理论的观点，采取管理学的案例分析方法，对中国产业发展问题进行实证研究。

（2）理论分析与实证研究相结合的方法。

在研究大量经济演化相关文献的基础上，本书意图建立产业演化机理的研究框架。综合来看，产业演化相关研究较为零散，不够体系化，各个学派之间的研究风格、研究方法都存在很大的差异。而从企业和企业内部变革的角度研究产业演化问题处于起步阶段，因此本书初步建立的基于组织变革的产业演化框架具有重要意义。同时，在产业演化领域的实践中结合实证分析的方法，提出更有针对性和更具现实意义的政策建议。

（3）定性分析与定量分析相结合的方法。

产业的演化过程是一个复杂的系统演化进程，涉及众多影响因素，并且变量之间具有复杂的相互关系。因此，需要深入地分析产业演化的本质。一方面，需要对产业演化的影响因素、发展过程以及相互作用进行透彻的定性分析；另一方面，需要在定性分析的基础上，对变量之间的关系进行数学化，用抽象的数学模型分析和表述产业演化的机理。

第 2 章

产业演化的理论基础

目前学术界针对产业演化机理的研究大致分成两种相互独立的观点：一种强调环境对产业系统中企业组织的选择作用；另一种强调企业组织对环境的能动适应行为。演化经济学和组织生态学认为企业组织是被选择的对象，将企业组织等同于物种个体在经济系统中的对应物，企业组织行为不能对产业演化的过程产生决定性影响。在演化经济学中，环境因素与理性有限性限制了组织的自主能力，故此得出了与进化生物理论中的“环境选择”观点相似的结论。组织生态学强调组织惰性和环境对组织经营成败的决定能力；采取时间轴上的纵剖面分析，以变异（variation）、选择以及维持（retention）等程序解释组织种群（populations）特性的变动，没有兼顾个体组织的行为。而传统组织理论如权变理论、构型理论和资源基础理论等，则单方面强调企业组织对环境的适应行为。这些理论过分强调个别组织运用本身的资源和决策，因应环境的需求对营运方式和组织结构进行调整；同时，将环境变量视为外生给定，忽略了组织与环境间的交互影响，单纯强调组织的适应性。

可以观察到的事实表明：企业组织并非如生物物种进化一样，是无意识的被选择对象。企业组织可以在一定程度上感知和预测环境变化及其趋势，并据此采取相应的策略，即组织对环境的能动适应行为。然而不可否认的是，这种感知和预测也仅仅是在“一定程度上”，应当为人类的“无知”留有空间。正如哈耶克指出的那样，人类社会的演化发展是不能被人类意识所设计的。因此，一种更为接近于产业演化本质的理论解释应该既包括环境变化的决定性影响，也包含企业组织能动适应行为的重要作用。与“演化”概念同样源出进化生物理论的协同演化研究对这两种不同观点进行了整合。研究者将协同演化的观点引入产业演化研究中，指出产业和企业处于协同演化中。企业在成长过程中，其组织层面的适应行为和群体层面的选择程序并不是对立的，而是交互关联的。企业组织的动态变革和环境变动的方向并非单纯根源于组织或管理者采取的适应行动，也不是由环境的选择作用单向决定，而应该是组织意图和环境选择的双重结果。

2.1　协同演化概述

2.1.1　协同演化的内涵

（1）协同演化的定义。

“演化”的概念来自生物学领域，部分学者认为生物演化的规则是适者生存，即物种适应其所处环境而得以生存的现象。同样来自生物学的协同演化概念，通过类比的方式被引入经济系统的研究中来。进化生物理论对协同演化的研究主要集中在两个或多个物种如何协同演化的机制和过程。埃里希（Erich）提出了协同演化（co-evolution）的观点，阐释两个或两个以上独特物种持续的互动与演变，使其演化途径（evolutionary trajectory）互相纠结的现象。考夫曼（Kauffman）认为，协同演化是指双方通过改变对方的适应图景（fitness landscape），进而改变双方的平均适应的过程。米科（Mikko Jouhtio）认为协同演化的持续变化并非仅只发生在两方之间，也可能发生在两个或多个相互依赖的单一物种上，其演化轨迹相互交织，并且相互适应。协同演化的结果可能是一个物种淘汰或驱逐另一个物种，也可能是演化出不同的细分环境，弱化原先的竞争压力。协同演化的核心是演化的双方（多方）必须拥有改变对方适应特征的双向因果关系。协同演化的双方或多方之间，存在一种相互的反馈机制。如果仅仅是单向的反馈，则不能称之为协同演化。

协同演化被引入产业演化研究中后，主要是指环境系统与组成系统的协同演化关系。在此，协同演化可被定义为“管理者意图、环境以及制度因素影响下的共同产出”。在产业与企业的协同演化中，协同演化是一种环境系统的宏观演化（macroevolution）和其组成系统的微观演化（microevolution）之间的“过程共生”的观念。企业组织的微观演化创造了产业系统宏观演化的内部条件，而产业系统宏观演化则创造了企业组织微观演化的外部条件。产业系统和企业组织在协同演化的过程中的交互演化增加产业演化过程的复杂性。协同演化促使产业中的企业系统间形成一种动态网络，各个企业在经历自组织成长的同时，也经历与其他企业之间的互动关联。企业组织演化以产业系统演化为外部条件，导致微观层面的企业组织在一定程度上牺牲自主性或行动自由度，与同处产业系统中的其他企业组织以协同演化的方式共生演化。

（2）协同演化的特征。

① 协同演化的双方（多方）相互反馈。

协同演化的双方（多方）存在一个相互反馈、互相决定和互为因果的关系。如果一方单方面决定另一方，而另一方反过来对其不能造成影响的则不能称之为协同演化。由于存在多向因果关系，变化可能出现在所有参与互动的组织群体中，并通过多向的直接互动与其他系统建立反馈关系。正是由于存在这样的关系，在协同演化的双方（多方）间寻求一个起点是不现实的，而试图与新古典经济学的定量模型一样寻求解释变量和被解释变量同样是不可得的。在产业系统与企业组织的协同演化中，区分决定性变量和非决定性变量是没有意义或者不可能的，因为任何一个变量的变化都是由其他变量的变化内生引起的。这种协同演化的交互作用更加增强了产业系统演化的复杂性。

协同演化的双方（多方）对对方的影响强度是存在差异的。这种差异根源于影响权重的不同。协同演化的一方通常具有较强的影响力，一方的变化对于另一方的变化速度和方向的影响更为强烈。这种权重的差别在协同演化的进程中，将会演化出结构性的关系网络。网络关系一旦形成，将会反过来对协同演化的速度和方向产生一定的影响。

② 协同演化的层级性和复杂性。

协同演化的层级性表现在演化的互动方可以是同一个层级的，也可以是层级之间的。各个层级内部存在着协同演化，不同层级之间同样存在着协同演化。演化经济学主张任何个体的行为都是嵌入在更为广阔的文化、历史、政治和意识形态等社会制度环境中的，这被称为演化经济学的嵌入性（embeddness）。类似于企业与产业的协同演化可以被称作多层级协同演化。在多层级协同演化的层级间就具有嵌入性的关系。低层级的协同演化构成了较高层级的协同演化的背景，在企业与产业的协同演化中，企业组织之间的微观协同演化秩序内嵌于宏观协同演化所形成的选择压力中。

多层级协同演化将呈现出更多的复杂性和不确定性。这种复杂性和不确定性体现在三个方面：第一，协同演化双方的反馈机制表现出非线性和自组织的形态。变量间具有双向或多向的因果关系，一个变量的变化对于另一个变量变化的作用则不是简单的因果关系，互为因果和互相影响使得任何一个结果都可能构成另一种影响的动因，这种变化加剧了复杂程度。第二，在这种复杂的相互影响中，极易导致新奇的出现。协同演化的双方将通过自组织演化来适应新奇带来的新的不确定性。同时，由于自组织充分利用了特定时空的局部知识，事前不存在明确的组织目标，互动模型的复杂性更强，不确定性因此而增多。第三，伴随层级之间相互反馈，某一层级的变化通过互动传递给另一层级，系统的复杂性和不确定性也就全面地增加了。

③ 协同演化的正反馈效应和路径依赖性。

反馈一词来源于系统科学，包括正反馈和负反馈两种机制。负反馈（negative feedback）效应是指系统受到来自系统内外部变化的影响持续衰弱乃至消除，从而回归至稳定状态中。负反馈效应带来的是系统的稳定性和封闭性。新古典经济学中的稳定均衡状态的描述正是系统呈现出的负反馈效应的结果。与负反馈效应相反的是，协同演化所强调的正反馈（positive feedback）效应。正反馈效应强化了来自系统内外部的变化，并使之不断地扩大和增加，当变化积累到一个临界点时，系统将离开原有状态，演化出新的形态。

路径依赖性和正反馈效应具有紧密的联系。对偶然性事件的重视是演化思想不同于新古典经济学的重要观点，而偶然性事件对演化的决定性影响则是通过路径依赖机制直接发生作用的。路径依赖指的是以某种偶然事件的影响开始，在正反馈机制的作用下，系统随机的、非线性的沿着某一条固定的轨迹或路径演化。在演化的进程中，即使存在更优的替代方案，由于报酬递增规律的影响，既定的路径也将很难更改。路径依赖的来源有两种：一是偶然事件，其对路径依赖的影响被称作历史（时间）依赖；另一种来源是认知依赖，认知依赖主要表现在个人的认知过程中，个人的心智模式和拥有的知识传统对其获得新知识具有十分清晰的选择作用。

2.1.2 协同演化的动力机制

在企业组织和产业系统的协同演化中存在四种动力机制。前文分析中提到，协同演化理论是建立在适应理论和选择理论的综合基础上的，企业组织不能被简单地理解为完全的主动适应者或者彻底的被动选择对象。事实上，适应行为和环境选择是共同存在、相互作用的。

（1）自然选择 - 盲目变异（naïve selection-blind variation）模式（bVcSR）。

自然选择 - 盲目变异模式实际上是生物物种的基本进化模式，如图 2 - 1 所示。进化过程包括盲目变异（blind variation）、竞争选择（competitive selection）和保留（retention），也称为 bVcSR 演化动力机制。其中，变异通常是随机的，是已经存在的，而这一机制对于变异的产生没有明确解释；选择是对稀缺资源竞争的结果；保留是指保持被选择的特征。在这里，环境的作用是最为重要的。环境的变化导致企业组织内部盲目而随机的变异，能够适应外部环境变化的变异被选择，否则将被淘汰出局。在 bVcSR 模式中，创新的根源几乎完全没有被考虑，只是作为一个既存事实出现在企业的各个任务单元。

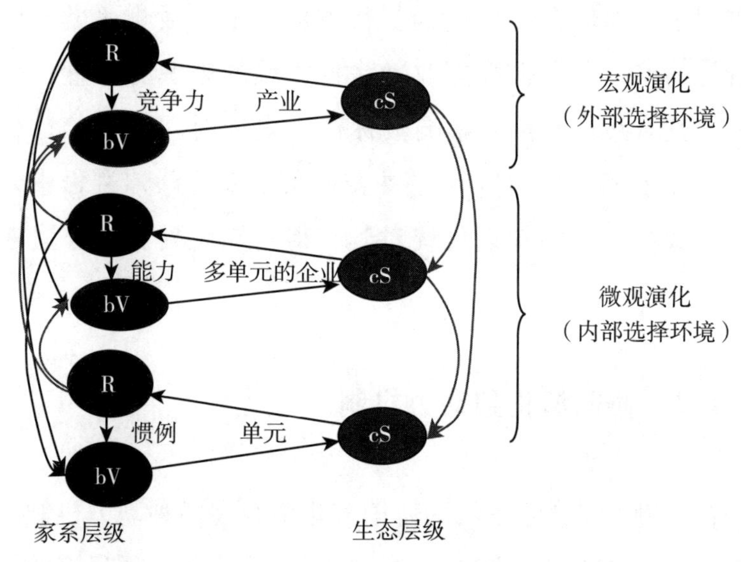

图 2－1　bVcSR 演化动力机制

在自然选择模式中，没有考虑企业组织内存在着人的适应性能力和行为，环境对企业组织的选择渗透到了企业组织内部，市场以优胜劣汰的原则在组织内部进行选择。当企业组织内部任务单元的利润水平高于某一标准，则该任务单元得以生存、发展和复制，而低于这一标准的任务单元则被收缩、出售或关闭。任务单元的主动调整是不被考虑的，这也相当于生物进化论中物种个体主体能动性缺失。在这种演化模式中，企业组织演化是随机的，演化过程是不连续的。

（2）管理选择－精致变异（managerial selection-deliberate variation）模式（dVvSR）。

管理选择包括精致变异（deliberate variation）、代理选择（vicarious selection）和保留（retention）三个过程，即 dVvSR 演化动力机制，如图 2－2 所示。在管理选择模式中，对变异产生的来源进行了说明。创新的产生过程也不是已经实现的结果，主体能动性在这里得到了体现。变异产生于管理者对某些创新方式的偏好，创新是企业在现有知识基础上进行的深思熟虑的、有意识的行为。选择方式加入了管理者的个人偏好，环境对企业组织的选择将依据管理者的评估系统选择任务单元，生物物种的自然选择在这里变成了管理者的代理选择。企业组织有意识地适应行为在这里得到了体现。

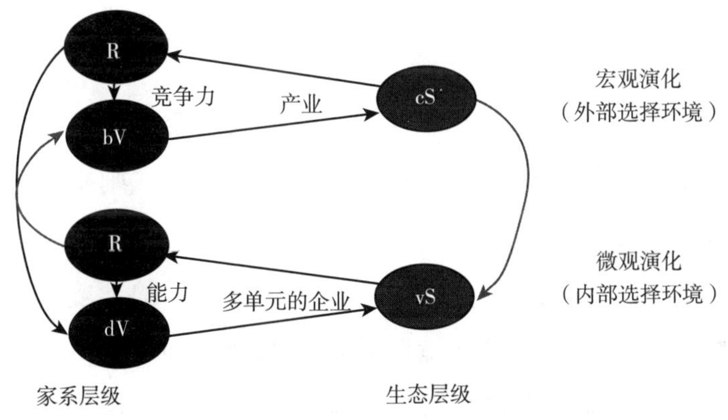

图 2－2　dVvSR 演化动力机制

在管理选择中，企业组织面临的环境被高层管理者的偏好评估系统重新塑造了，弱化了外部环境对创新的压力，激励了企业的创新行为。此时，企业组织的演化体现出了环境选择和主体适应的共同作用。值得注意的是，在管理选择模式中，高层管理者的主体能动行为是受到很大限制的。企业组织的创新更多的是一种自下而上的过程，高层管理者只能为创新塑造有利的环境，对创新的方向仅只具有较低程度的影响，而不能完全决定创新过程。

(3) 层级更新 (hierarchical renewal)。

如果说管理选择模式为无知留有足够的空间，那么层级更新则几乎完全没有为无知留有空间。在层级更新模式中，着重强调高层管理者的能动性，企业组织的演化是由企业组织高层管理者的战略意图决定的，环境选择的作用被忽视了。最高层管理者的个人偏好重新解释了企业组织所面临的环境，并据此制定了战略目标、行动方案和组织发展方向。而企业最高层管理者的战略意图将通过各个层级来实施。在层级更新模式中，变异和创新产生的机制不再是自下而上的，而是由理性管理者领导的自上而下的战略实施过程。选择的方式则是对最高层管理者意图的执行。

(4) 整体更新 (holistic renewal)。

层级更新强调最高层管理者的战略意图，企业组织的演化过程是一种自上而下的战略实施过程。而整体更新模式则主要强调创新来源于各个层级和各层级员工的集体认知。在这里，每一个层级和层级员工的作用构成了演化的重心。面对变化了的环境，企业内部的各个层级及员工都将对环境形成独立的理解和解释，各层级间通过频繁的互动形成一个得到普遍认同的认知模式。这种共同的信念决定了企业组织的演化路径。在整体更新模式中，变异不仅受到外部的市场选择，还受到企业内部集体认知模式的选择。企业组织具有较强的稳定性，一些较小的，非结构性的变异由于频率较低，将被当作噪声干扰排除在企业选择的范围之外。只有当变异的幅度较高，频率较强，超过了组织惯性的范围，才有可能产生新的认知模式。

企业和产业协同演化的四种动力机制中，发生变化的是环境选择强度和主体能动强度的交替。在自然选择模式向整体更新模式的过渡中，环境选择的强度逐渐减弱，而主体能动强度逐步增强。自然选择模式和整体更新模式体现了两个极端，在自然选择模式当中，企业组织的演化与主体能动意识无关，演化过程完全由环境选择决定；而整体更新则完全强调认知主体的主观能动性。管理选择模式和层级更新模式处于二者之间。事实上，在协同演化的动力机制中，一方面应该肯定环境选择的重要作用，另一方面，也应该为认知主体的主观能动性留有一定空间。通常认为，管理选择既体现了演化中的主体意识和能动，也为应对无知留有足够的调适空间，是一种比较理想的演化模式。

2.2 产业演化的核心概念

2.2.1　产业演化核心概念界定

（1）企业。

企业是一种协调机制，用以协调员工的专业化分工与合作。企业是知识的使用者和创新者，也是携带知识（复制者）与外界环境进行互动的互动者。企业可以看作一个知识库，由内部成员在学习过程（创新和模仿）和选择过程（企业家选择和市场选择）中形成。

（2）产业。

产业是由生产同类产品的企业间互动形成的，产业不仅包含产业中的所有企业，同时也包含协调企业间竞争和合作的各种机制，包括市场机制和各种介于企业和市场之间的互动模式（网络结构）。产业同样可以看作一个知识库，由所有企业在学习过程和选择过程中形成，是产业中通用知识和专用知识的总和。

（3）企业演化。

企业演化指企业自身的成长和发展过程，企业演化具有生命周期规律，包含企业的创立、发展、成熟和衰亡。由于企业可以看作知识库，企业演化的过程即在面对不确定环境时的知识调整过程，包括学习过程和选择过程。

（4）产业演化。

与企业演化相类似，产业演化也是指产业的成长和发展过程，具有生命周期规律，即涵盖产业的发育、成长、成熟和衰亡。所不同的是，产业的演化是从宏观或系统的视角进行研究，关注总量和结构的变化。产业是企业间互动的结果，产业的演化过程需要通过企业间的学习和选择行为来解释。

（5）企业和产业的协同演化。

演化经济学和组织生态学基于种群思维（population thinking）的观点，将产业演化的决定因素归结为外生的资源环境和技术环境的影响，企业仅仅是外生技术知识的携带者，企业的生存发展完全取决于环境的选择过程。在这种思维模式的主导下，企业个体的演化被忽视了。

然而，企业的演化过程对产业演化的作用是显而易见的，是推动产业演化进程的重要驱动力。以产业中的某一企业的创新为例，企业的知识创新将通过企业间网络和企业间互动扩散至整个产业，并在此基础上产生新的创新。这一过程将直接增加产业的知识存量。产业构成企业演化的宏观环境，同时也由企业间互动生成。产业演化与企业演化过程之间存在复杂的反馈关系，企业和产业是协同演化的。

据此，企业和产业的协同演化可以定义为：企业的知识动态（学习过程）会通过企业间的互动对产业演化进程产生重要影响；产业构成了企业演化的学习环境和选择环境，产业演化进程将反馈至企业层面，作用于企业演化进程。在企业和产业的协同演化中，演化进程可以归纳为知识动态的协同演化，如图 2 –3 所示。

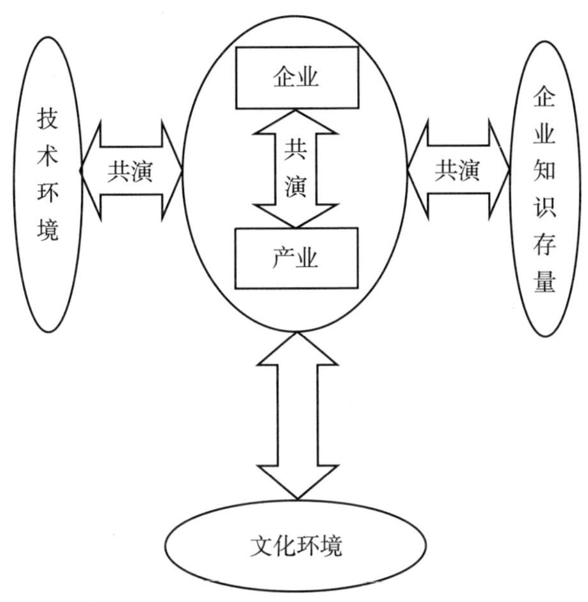

图 2 –3　企业和产业的协同演化系统

2.2.2　产业演化环境相关概念

环境的变迁是产业演化的重要因素。产业演化的环境包括多种要素，这些要素之间也存在着相互作用关系。通常认为产业演化的环境要素包括，制度要素、技术进步、政府等。图 2 –4 描述了产业面临的演化环境以及各个环境要素的影响因素。实际上，产业与社会制度、技术等要素同样是相互影响，协同演化的，产业的演化推动了制度和技术变迁，而技术进步和制度变迁之间也是相互反馈、协同演化的。

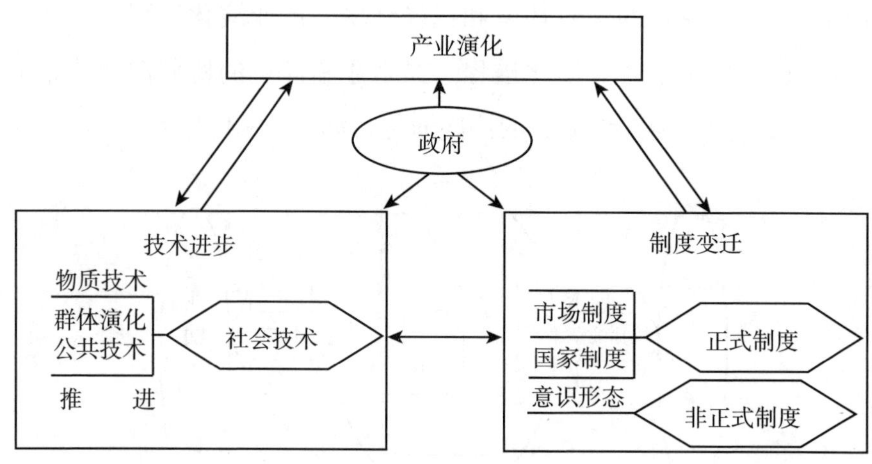

图 2－4　产业演化环境

（1）技术。

技术进步是经济发展的根本动力，这个观点已经得到了经济学界的普遍认同。关于技术的定义存在许多看法，但最为常见的看法是，技术是要素的结合方式。而技术创新则是能够带来利益增加的要素结合方式的变动。技术可以划分为两个方面：物质技术和社会技术。从产业演化的角度，物质技术指的是企业内生的技术；社会技术则是企业外的技术，是物质技术群体演化的结果。物质技术影响的是企业组织个体的演化，而社会技术则主要影响产业群体的演化。同时，物质技术虽然是企业内生的，但受到社会技术的影响。而社会的最优或次优技术是企业组织进行技术创新的基础。此外，公共机构如大学、研究机构等也从事技术创新活动，而这些机构的创新应视作对社会技术进步的推动。

本书将产业系统内部的主体互动仅仅定义为企业间的互动。而如政府、大学、研究机构等主体对企业和产业演化的影响作为产业演化的外生技术环境。如果产业发展所必需的社会技术和知识是外生的，则这些技术知识取决于公共部门的 R&D 投入。外生的社会技术环境对产业内部的物质技术知识的形成与发展具有重要的引导作用。企业组织在面对环境改变时，将会在外生社会技术环境中搜寻新知识，在外生社会技术环境中进行学习。同时，企业组织也不可能对外生社会技术空间产生完全认知，而只能在这个空间内进行搜寻。技术空间可以用向量空间 $T^P = (t_1^p, t_2^p, t_3^p)$ 来描述。每一个分向量也是由多个元素组成的，即 $t_i^p = (t_i^{1p}, t_i^{2p}, \cdots, t_i^{mp})$。可以直观地看出，当企业目前的技术水平距离技术空间的边界越远，则企业与产业拥有越大的发展潜力；而越接近技术空间边界，则发展潜力越低。

（2）制度。

制度是社会关系的表现。诺思认为制度是由人们设计的、以规范人们之间相互关系为目的的各种限制。制度的存在减少了行为选择的集合。制度可以划分为正式制度（formal institution）和非正式制度（informal institution）。正式制度通常指成文的规则。非正式制度则是不成文的，在交往中无意形成的，通过文化结构代代相传的一系列规范。正式制度和非正式制度是相互作用、相互影响的。非正式制度可以程序化为正式制度，正式制度也将在执行中被文化结构吸收，成为非正式制度的一种。正式制度对产业演化的约束力低于非正式制度。甚至正式制度的执行程度也要受到非正式制度的制约。对产业演化具有重要影响的制度包括产权制度、市场制度、国家制度。产权制度规定了产权所有者对资源的处置权。市场制度主要指具体的交易安排。国家制度则主要从国家层面约束人们的行为。非正式制度的核心是意识形态，共同意识帮助信息传播，降低其他制度安排的成本。

制度环境对产业演化的影响主要是通过这样的机制发生作用的。

产业系统所面临的制度环境是外生的，而这种制度环境对企业演化的作用机制来源于对企业家思维模式的影响。当制度环境更为鼓励创新以及容忍多样性存在的时候，则企业组织和成员个体都将受到环境的激励，而愿意进行主动创新。这使得成员在面临与以往不同的环境变化时，将更倾向于努力搜寻知识，从而使成员的创新能力较其他制度环境下为高。创新主体呈现出多样化特征，促使系统演化的速度更快。如果情况相反，当制度环境对创新和多样性的激励程度较低时，则成员主动创新的倾向较小，只有社会权威者才是创新的主体。当面对环境变化带来的不确定性时，成员更多地倾向于向权威者求助，而非主动采取搜寻措施。由于创新主体的单一化，系统演化的速度也是很低的。

技术进步与制度变迁之间存在着相互影响、协同演化的紧密关系，这种关系将引导产业系统的演化进程。然而这种紧密关系的表现却是不容易表述的，无法确切地知道技术进步将带来何种制度变迁，以及制度变迁的时间等。然而却可以做出这样的推理，因为新技术的应用迫切需要制度的保障；而制度变迁尽管通常会遇到既得利益阶层的阻挠，但技术进步的发生最终仍旧是不可阻挡的。同时尤为重要的是，正是技术进步和制度变迁的协同演化，才促使企业不断调整策略来适应环境的变化。

（3）政府。

无论政府是何种性质的政府，它对产业演化的影响主要都是通过对技术进步和制度变迁的直接作用而发生的。政府通常影响到产业演化环境的运行效率。技术进步、制度变迁乃至产业演化本身主要是由参与者的自发行为而逐渐形成的，是自组织行为。而政府作用于产业演化的行为，则主要是他组织行为。

2.2.3　产业演化过程相关概念

（1）系统。

根据系统科学理论，系统是指由一些相互联系、相互制约的组成部分结合而成的、具有特定功能的一个有机整体（集合）。系统具有三个特征：第一，系统由要素组成。要素可能是个体、组件、零件，也可能其本身就是一个系统（子系统）。第二，系统是有结构的。系统构成要素之间是相互联系、相互制约的。而系统结构是指要素之间相对稳定的联系方式、组织秩序及失控关系的内在表现形式。缺少了结构，系统就不成其为系统。第三，系统有一定的功能。系统的功能是指系统与外部环境相互联系和相互作用中表现出来的性质、能力和功能。产业是一个系统，企业则是它的子系统。

（2）知识。

知识可以从两个方面来理解，作为名词的知识体现了认知者认知的结果，作为动词的知识体现了认知者与认知环境的互动。

① 作为名词的知识。

按照知识的层次，可以将知识划分为通类知识（generic knowledge）和非通类知识。通类知识是关于世界如何运转的知识，能够产生认知行为。而非通类知识是关于世界状态的描述式的知识。通类知识是认知者的认知结构，非通类知识是认知者的信息结构。按照知识的生产者属性，可以将知识划分为科学知识和技术知识。科学知识是一般性和基础性的知识，主要由公共部门生产。技术知识是特殊性、目的性和营利性的知识，由私人部门生产。科学知识规定了产业知识演化的各种可能轨迹合集和知识增长边界，是产业演化的技术机会约束。按照知识的专属程度，可以将知识划分为通用知识和专用知识。通用知识是产业中所有企业的共同知识，专用知识是企业发展过程中形成的仅适合本企业的知识。产业通用知识主要有利于创新扩散，企业专用知识则主要影响企业的异质性。

② 作为动词的知识。

经济演化中是存在认知主体的，这与生物演化中认知主体的完全缺失是不同的。生物物种进化是在没有认知主体的情况下由遗传基因对信息进行储存的，知识由于其兼具名词和动词的性质，既可以包含稳定性特征的含义，也可以包含认知过程的含义。因此，知识更适合于作为经济演化中等同于生物演化基因的类比者存在。

（3）惯例。

惯例是演化经济学的核心概念。惯例是人类组织的关键特征，是指受组织情境约束的，组织内可识别的、重复的、行为人之间相互依赖的行为模式。大多数惯例理论认为惯例是稳定不变的。然而部分学者指出，惯例与组织适应、突变、演变、创新、弹性和学习之间具有密切的关系。通常认为，惯例的变化源于环境压力，由外部因素引起的。实际上，惯例是可以发生内生改变的，由于传统的组织惯例观点对代理（agent）的作用不重视，忽视了惯例的内在变化因素。

（4）自组织与他组织。

组织的方式按照发展的动力来源可以分成自组织（self-organization）和他组织（heter-organization）两种方式。自组织是指发展的动力来自系统内部，由系统内部力量所推动的、能动地适应环境并通过反馈来调控自己的结构与活动的组织过程。自组织表现为系统在无外界特定干预条件下的演化特征。他组织则与自组织相反，表现为系统在外界特定干预下的演化特征。自组织是发展的基本动力，当演化进程使复杂性发展到一定程度，将产生他组织。

（5）学习。

学习是经济演化研究中最重要概念之一。如上文所述，产业演化的过程可以视作面对不确定的环境变动时企业和企业间的学习过程，呈现出产业秩序失调、再协调和秩序重建的特征。布伦纳（Brenner）认为，学习可以分为无意识学习和有意识学习。

① 无意识学习（non-conscious learning）。

无意识学习是一种强化学习，指行为主体倾向于采用在过去产生高收益的行动，而避免采取低收益行动的行为。无意识学习的依据是行动所产生的收益，收益高的行为被持续采用，反之则被回避。无意识学习多数发生在员工面对面互动的隐性学习中。

② 有意识学习。

有意识学习是一种基于内在认知结构（internal cognitive structuring）的学习过程。有意识学习需要耗费认知资源，相比于无意识学习，这种学习方式更为复杂和高级。有意识学习需要在对新环境作出判断和分析的基础上，运用已有的认知结构建立新的知识联结。有意识学习可以分为惯例学习和信念学习。惯例学习是指在面对前所未有的环境变化时，行动者不假思索地启动原已存在的学习模式以获取新的知识。惯例学习所运用的学习模式是无意识的，而行为转变则是有意识的。与惯例学习相比，信念学习需要耗费更多的认知资源。信念学习是指行动者在面临新的场景时将耗费更多的认知资源去搜寻新的知识。信念学习需要耗费更多的成本搜寻信息供其决策参考。

随着耗费认知资源的增多，企业的理性程度不断提高。过分强调环境选择的决定性作用（如演化经济学和组织生态学）是片面的。然而企业组织的理性是有限的，认为企业具有完全理性（如新古典经济学）也是不正确的。对产业演化的研究需要为无知留有位置，企业在有意识的学习过程中依旧受到无知的约束。

（6）涌现。

涌现（emergence）是复杂系统（complexity system）最重要的特性。涌现现象所代表的是系统外在出现的整体性变化，代表非加和性（即整体大于部分之和）、非线性、不可预测性和不可还原性。涌现现象表现的是复杂系统作为一个整体所表现出的行为。涌现依赖于系统与环境的关系，缺少了这种关系，系统将无法独自拥有这种功能。

（7）混沌与秩序。

混沌与秩序都是非线性科学的重要概念。混沌是指一种确定的但不可预测的运动状态。混沌的外在表现和纯粹的随机运动很相似，都是不可预测的；然而与随机运动不同的是，混沌运动在动力学上是确定的，它的不可预测性来源于运动的不稳定性。混沌系统对无限小的初值变动和微绕也具有敏感性，无论多小的扰动在长时间以后，也会使系统彻底偏离原来的演化方向。混沌的三个关键要素包括：①对初始条件的敏感依赖性；②临界水平，这里是非线性事件的发生点；③分形维，它表明有序和无序的统一。而秩序是指在宏观世界中除平衡条件下的稳定有序结构外，还有另外一种稳定有序结构，即在远离平衡状态的开放系统中，由于和外界不断地进行物质和能量的交换，可能从“无序”走向“有序”，形成非平衡态的稳定有序结构。

2.3 产业演化相关理论回顾

2.3.1 经济演化思想发展概述

经济演化思想的发展由来已久。从古典学派、熊彼特理论到制度经济学，处处渗透着达尔文生物进化理论的影响。古典学派着重关注财富的创造问题，而非新古典经济学强调的既定财富下的资源分配问题；产业组织理论中的奥地利学派为试错和知识调整留有足够空间，而博弈论中又提出了企业组织个体间的互动问题；历史学派认为不存在适合所有国家的普适性经济规律，各个国家的经济系统处于不断的演化之中；制度经济学率先将进化生物理论的思想运用到社会经济系统的研究中；熊彼特理论则更多地强调技术因素和创新在演化中的重要作用。

（1）古典学派：斯密的演化思想。

发端于 17 世纪的古典经济学理论中蕴含了早期的经济演化思想。《国富论》确立了经济学的两个重要研究主题：自发秩序和经济增长。其核心观点是，劳动分工和专业化程度的提高，促使劳动生产率增长，而市场则将专业化生产者组织起来并相互作用，生产者利润增加后再投资，进一步提高专业化水平。

古典学派的理论所包含的演化思想集中体现在两个方面：一是市场秩序是由自主个体在互动中生成的，是一个自发的、非人格化的演化过程。二是关注国民财富的创造和发展，而不是被新古典经济学奉为圭臬的既定财富下的资源配置问题。市场秩序的基础是劳动分工，劳动分工的提高会进一步扩大市场范围，而市场秩序的深化和扩展又会提高劳动分工水平。市场秩序是由市场（产业）的构成个体（组织）在互动中形成的，这可以被解读为，产业发展动力的根源是企业组织之间的互动。而劳动分工和市场秩序的协同演化也可以视作经济发展的“斯密动力”。国民财富的创造是一个宏观概念，斯密所重视的是这个总量如何扩大，这是一种动态、历史和发展的观点，而新古典经济学研究的既定财富下的分配则是对斯密观点的曲解，这种观点摒弃了演化的研究思想，是一种单向、线性、静态的视角。

（2）产业组织理论中的演化思想。

《国富论》中的均衡思想后来成为新古典经济学理论的基石。新古典经济学对均衡的顶礼膜拜实际上是一种对斯密思想的断章取义。而早期产业组织理论的 SCP 范式显然承继了新古典经济学的均衡观点。然而，现实经验与理论研究的背离让哈佛学派的 SCP 范式备受质疑，随后出现的芝加哥学派和奥地利学派提出了不同的观点。芝加哥学派认为是产业组织的行为和绩效决定了市场结构，强调技术和自由进入的重要作用。这种观点注意到了产业内部组织行为对市场秩序的作用。奥地利学派的观点则体现了对静态均衡的突破，强调企业组织个体与产业组织结构之间具有双向反馈关系，组织受制于市场结构，也能够通过改变规则推动结构演化。同时，奥地利学派认为不存在客观不变的实体，价值、知识和预期都是来自个体的主观理解和感知。既然知识是一种猜想，就为试错和知识调整留有足够的空间，应该说奥地利学派已经具有基本的演化经济理论性质。

博弈论方法的采用可谓是产业组织理论对经济学研究的一个突出贡献。根据博弈论建立的策略式模型，表现了企业组织个体之间的相互作用。而博弈论方法也开始对企业组织内部结构进行分析，同时涉及有限理性、不完备知识等。这些都与经济演化研究的思路不谋而合。当然，博弈论模型各自为政，甚至相互矛盾的情况非常普遍，这也成为博弈论无法完美体系化的根本原因，是博弈论方法的致命缺陷。

（3）历史学派的演化思想。

历史学派由对各个国家和民族特殊性在经济发展变迁过程中作用的重视而得名。历史学派认为经济社会是具有整体性和系统性的，处于持续的发展和演变过程中。同时，历史学派重视偶然的个别事件的作用，指出每个民族和国家具有不同的发展过程，不存在适合所有民族和国家的普通的经济发展规律。重视人类动机的多样性是历史学派对经济演化思想的一个杰出贡献。这是对新古典经济学的理性自利假设的反诘。人类动机既然并非单纯自利，那么建立在此基础上的许多结论也就失去了立足之本。历史学派对经济演化思想发展的贡献是显而易见的，然而也正是由于该学派对历史、文化、制度等因素过于全面的考虑，陷入了对历史现象单纯描述的困境，最终没能获得广泛的认同。

（4）制度经济学。

旧制度经济学派的代表人物凡勃伦率先提出将达尔文的进化论思想运用到社会经济系统的研究中。凡勃伦认为，演化经济学应是“一种严密的理论体系，是一种关于过程的理论，一种逐渐展露序列的理论”。凡勃伦认为社会的演化绝非由人的意志决定，是不存在方向也不可能带有目的性的。而将一切历史、文化、制度等因素全部考虑在内，对数据和资料翔实的描述并不能解决演化经济学理论体系化的难题。旧制度经济学的核心观点是制度演化与个体行为之间存在相互决定、互为反馈的关系。个体行为是现存制度的函数，而制度是个人或社会对有关的某些关系或某些作用的一般思想习惯。旧制度经济学派继承了历史学派对偶然的具体事件的关注，并把其归纳为路径依赖效应，认为其对制度的演化具有决定作用。

旧制度经济学派的思想尽管具有开创性，但仍然因为其散乱不成体系而被后来者所诟病。与此相对照的是由科斯创立的新制度经济学派。新制度经济学派的两个核心概念是交易成本和资产的专用性。企业组织是为节约交易成本而生的，而资产的专用性程度越高，交易频率越高，则将交易内化于企业组织中是更为高效的。新制度经济学对演化思想的贡献在于打开了企业组织的“黑箱”，揭示了企业组织的存在性问题。然而究其根本，仍然延续着新古典经济学均衡思想的内核。

（5）熊彼特主义。

熊彼特对于经济演化思想的突出贡献在于提出了“创新”概念。他认为，资本主义本质上是一种经济变动的形式或方法，它不仅从来不是而且永远也不可能是静止的。创新，即由企业组织创造的新消费品、新生产方法或运输方法、新市场、产业组织的新形式等，这种创造性的破坏过程是经济演化的本质。熊彼特式的经济演化首先是由企业家的创新推动的，企业家创新被视作经济演化的根本动力。当创新获得应用并逐渐扩散，其能量将会逐渐减弱，并日益趋向官僚化和程序化。创新减弱的结果是促使社会经济趋向于均衡状态。

尽管熊彼特的创新思想光辉闪耀，然而他也仍旧不能脱离得到经济学界广泛认同的物理学均衡思想。熊彼特的研究已经逼近演化经济发展的本质，却最终回归到了均衡的结果。难怪霍奇逊曾不无遗憾地指出，熊彼特一方面想提出一个资本主义的演化理论，另一方面又始终信奉瓦尔拉斯的一般均衡理论，他终生徘徊在这个矛盾之中。此外，值得注意的是，熊彼特的创新思想首次将产业的演化纳入经济演化的研究范围内，这对于产业演化理论的体系化研究是一个巨大的推动。

通过对经济演化思想发展历史的追溯，可以看出，演化思想实际上在经济学发展的早期就已经被许多经济学家重视，并将其运用到经济理论的研究中来。但是，受到演化研究的复杂性所限，这些研究都较为零散，不成体系。然而从这些研究当中却可以窥见经济演化思想的光辉，它们得出了一些重要的结论，如经济系统是处于演化当中的；经济主体具有有限理性和能动性；经济主体之间的互动是推动演化的重要力量；技术和制度在经济演化过程中具有重要的作用；个体和社会结构具有双向的反馈关系等。这些结论对后来的经济演化研究产生了重要的影响。

2.3.2　产业演化理论

散见于各种理论的经济演化思想被运用到产业发展的相关研究中来，便形成了产业演化理论。这些理论从各个不同的角度阐述了产业演化的原因和动力：熊彼特理论指出了创新是产业发展的根源，企业和产业的创新推动了产业的结构转变和企业的动态竞争过程；马歇尔认识到了企业的多样性和异质性，并试图将其纳入产业发展的分析中；演化经济学中的产业演化研究围绕对正统经济学有关企业理论的批判而来，认为不完全信息决定了企业只能争取令人满意的利润而非最大化利润；组织生态学借鉴了生物进化理论中的自然选择观点，分析社群和种群的生存和适应问题。

（1）熊彼特的创新与产业演化。

熊彼特对经济演化思想的重要贡献不仅在于对创新的透彻分析，更重要的是将产业的演化问题纳入了经济演化的研究中来，并着重阐述了创新与产业演化的相互关系。熊彼特认为，创新与产业演化是相互作用、互为反馈的。产业环境影响创新的形成，创新的产生和扩散促进产业的演化。

创新与产业演化之间的互动反馈关系若干年后才重新被经济学研究人员重视起来。这些研究继承了熊彼特思想的精髓，重点强调创新在产业演化中的核心作用。同时采用动态的视角和方法分析经济过程。部分研究将历史学派的观点纳入分析当中，通过对不同产业技术和地区的产业演化数据进行比较分析，认为在不同的产业和地区，创新与产业演化的相互作用并非完全一致，而是存在普遍差异的。技术因素、社会文化因素和区域因素将对其产生不同的影响。许多研究从不同的角度对创新的产生和扩散进行了分析，例如企业异质性程度被重点强调；提出公共的知识平台、军队、金融组织以及其他公共组织等对于高新技术的创新和扩散起到的重要作用；重视制度环境对企业创新活动的决定作用等。

另有部分研究从创新和产业动态发展之间关系的角度对熊彼特的观点进行了深化。许多研究将企业进入、创新与成长的关系、企业规模分布的稳定性程度、企业绩效差异化的持续性程度等作为产业演化的因素表征，并强调产业集中度、企业年龄分布和创新特征在不同的产业中存在显著的差异。技术变革与产业动态发展的互动关系从创新理论发展的开端就引起了人们的重视。在随后的理论发展中，实证数据支持了这样的结论：技术变革影响产业动态，而产业动态又会影响技术变革的速度和方向。二者之间的影响关系是具有时滞性的，同时会对经济系统的结构产生巨大影响。技术变革对产业演化的影响既有水平的也有垂直的。对竞争者来说，水平影响即技术变革带来的竞争优势的变化；垂直影响则主要指技术变革对客户和供应商的直接和间接的影响。产业演化的具体特征也被总结成为：产业演化具有特定的知识背景和制度环境，是企业与个体学习过程的结果，也是具有异质性的行动者在网络中通过互动生成的，在这一过程中将产生技术创新（产品和生产工艺）和制度演进（行动者、关系、制度和知识）。

从熊彼特的开创性研究以及实证数据支持的后续研究中，可以看出创新与产业演化的多维度联系。创新促使产业特征不断的演化，这其中包括知识、学习、行动者的特征和能力、产品类型和制度等。同时，产业内市场结构以及个体之间的互动网络等也会发生演化，而这些关系网络将会影响创新和企业绩效。

（2）马歇尔的产业演化研究。

如前所述，马歇尔始终认为经济学发展的方向和“麦加”应该是经济生物学。为当时的条件所限，为推动经济学的迅速发展，马歇尔在研究中引入了物理学的机械类比——“均衡”。然而自始至终，马歇尔都认为，产业系统的均衡仅仅是产业发展过程中的一个环节，对产业发展的完整分析应该包括产业的创生、选择、均衡和失衡等过程。更为重要的是，马歇尔提到了产业发展的生命周期过程。

马歇尔的产业演化研究的基石在于对企业组织多样性和异质性的重视。尽管马歇尔是新古典经济学的开创者，但是他始终没有放弃对经济生物学的向往和斯密理论的尊重。斯密理论对劳动分工与组织异质性曾有过精彩论述，马歇尔显然注意到了这一点。马歇尔认为产业发展的动力在于报酬递增倾向与递减倾向的相互作用，报酬递增的来源是组织的演进，而组织的演进也提高了劳动和资本的使用率。后来被广泛应用的内部和外部经济性在马歇尔的理论中是这样被规定的：内部经济性来源于产业内部的个别企业的资源及管理效率，而外部经济性则主要是指产业间或产业整体发展带来的效率。同时指出，产业的发展主要依赖于内外部经济性的共同作用，这种洞见实际上可以理解为，产业的演化是产业所处环境和产业内部个体演化共同作用的结果。此时马歇尔对产业发展的推断虽然稍显粗糙，但却道出了产业动态发展的本质。

代表性企业是新古典经济学最重要的概念之一，然而其缔造者马歇尔的本意却并非抹杀企业组织的多样性和异质性。相反，马歇尔对企业组织的异质性是极为重视的。马歇尔认为由于偶然或人为因素，任何产业内部都会存在一些好企业和差企业。为了更好地解释产业层面的均衡与企业层面的非均衡问题，马歇尔创造了代表性企业的概念。代表性企业能够获得一定总量的内部经济性与外部经济性，具有固定规模和正常利润。代表性企业的概念仅仅作为一种研究方法的过渡，却被后来者当作核心观点而一再引申和深化。在这样的背景下，马歇尔研究中所具有的演化思想完全被忽略了。

（3）演化经济学的产业演化研究。

演化经济学主要围绕对正统经济学企业理论相关内容的批判发展而来。完全理性观点是演化经济学首先推翻的假设。西蒙对有限理性概念的论述影响了演化经济学者，这一概念也成为演化经济学理论的基础。任何个体和组织都不可能做到对如此复杂而又处于不断变化中的世界的所有可能性的完全认知，哈耶克的进化理性主义也认为社会的发展必须为人类的无知留有空间。基于这种认识，就不难得出完全理性与完备信息是不可得的结论。即使为了研究之便，这种假设也是错误的，将会导致与现实大相径庭的结论。利润最大化原则更加虚无缥缈，一方面，有限理性和有限信息使得企业组织无法确定最大化利润的具体数据；另一方面，如果企业组织现存战略尚能满足对适度利润目标的追求，企业通常将不会选择改变。

演化经济学将生物学隐喻纳入其理论体系中，将生物学研究中的基因复制和遗传机制转化为差异、选择和复制三大机制，认为其决定了经济演化的进程。差异指企业组织在结构及战略上的不同。演化经济学者提出企业组织的差异性主要来源于内在的知识基础。企业组织的知识一般来说包括两个方面：一个是通用知识；另一个是专用知识。通用知识通过一般性的书本学习或行业沟通等渠道即可获得；而专用知识则是不能以成文的规范形式加以传授，甚至只可意会不可言传的知识。专用知识由于主要来源于企业组织成长过程中的经验教训等，是企业组织独有的，而成为企业组织异质性的来源。这种异质性是企业组织相对稳定的特征，也是企业组织与环境相互作用的选择机制顺利运行的基础。

选择即为生物学中的自然选择，也就是环境对个体优胜劣汰的选择作用。进化生物学认为，物种与其生存环境相适应是达成生存目标的前提条件。演化经济学者认为作为经济演进个体的企业组织同样适用这个结论。选择机制在组织演进中是基于企业的盈利能力发生的：能够实现利润者生存下来，而遭遇亏损者逐渐消失掉了。企业组织对环境的适应过程可以划分为主动适应与被动适应。主动适应是通过主动学习和创新在组织演进中引入正反馈机制，带来短期内激进式组织形态变化；被动适应强调环境中惰性因素的制约，通过特定的负反馈机制决定了系统的稳定性和渐进式变革。选择机制的基础是企业组织的多样性和差异性。资源与核心能力较强且能够跟上环境变化的企业得以成长，而对环境变化适应能力较低的企业组织则将被淘汰。

复制的概念则来源于进化生物学中的基因传承。演化经济学者将基因的概念引入经济演化研究，而企业的“基因”就是组织惯例。由于企业组织的行为大多数是可预测和重复的，这种行为模式也就是惯例。组织惯例决定企业的行为，同时也具有可遗传性。企业组织通过对成功惯例的复制得以延续，在许多情况下极大地缩短了企业组织适应环境的时间。然而，也有部分学者认为，惯例的存在将使得企业组织适应环境的过程经常受到限制，甚至造成适应成为不可能，陷入“适应陷阱”。

如果对产业演化的机制进行总结，就会发现这样的联系：企业组织的差异性来源于不同的组织惯例，环境将选择能够适应的企业组织生存下来，这些企业组织的惯例也因此而被保留下来，也就是被复制。那么到此为止，这仍旧是一个静态的被选择过程。然而，企业组织是存在改变现状从而获得持续生存的动机和可能的。由此，引入拉马克主义（lamarckian）的变异产生机制（mutation generating mechanisms）。即只要环境压力足够大，企业就会主动介入一个搜寻过程，寻找能增加自身同环境适应程度的渠道。不能获得满意利润率的企业会比利润率高于平均水平的企业更有搜寻的动力。而只有当选择的结果被环境肯定而获得合法性后，才能够形成新的惯例，从而引入反馈效应的影响。演化经济学者认识到，环境将对企业组织的行为表现体现出某种反应机制，企业将因此而获得未来变化方向的某种信号。企业组织的演变过程呈现出马尔科夫链（markov chains）的形式，即系统在其发展过程的每一时期（t）的状态中都蕴含着后一阶段（$t+1$）状态的种子。由于有限理性和惯例的存在，企业组织的搜寻活动通常只涉及与原来领域相关的范围并在一定程度上依赖于惯例，这一特征也被定义为临近搜寻（local search）。这个结论涉及了企业组织的文化环境，当企业组织的环境和惯例是倾向于变革的，企业将更容易采取变革，对环境变迁的适应程度和速度可能更高。

（4）组织生态学的产业演化研究。

出现于20世纪70年代中期的组织生态学的理论基础是社会学原理和生物进化论。组织生态学主要强调企业组织面对不确定的环境变化时的灵活性与适应性。如果说演化经济学是作为主流经济学的另一种选择而生，组织生态学则可被视为是对同一时期其他相关组织理论的对应，例如组织行为学与战略管理理论。

组织生态学者对演化经济学中提出的组织差异性与组织惯例的关系持有不同看法。这也与早期的组织理论如组织行为学及战略管理理论方面的文献将社会经济组织视为快速而敏捷的环境适应者的观点大相径庭。组织生态学者提出，大多数的组织差异性是在新组织类型产生与旧组织形式消亡的长期过程中形成的，而仅有极少部分的差异性是受到当期的适应性行为的影响。组织生态学者认为，环境对阻止组织获得所需适应性的各种惯例的重要制约力量是更为主要的方面，而早期组织理论对组织内部适应性的关注则是不正确的，至少是流于片面的。他们对企业组织的适应性改变更多地抱持着一种悲观的态度，就如达尔文主义者一样，他们认为在一个迅速变换的环境中，企业组织能否以足够迅捷有效的组织形式变化来应对新的环境是值得怀疑的。

企业组织对环境的适应过程是缓慢的，这种相对缓慢的适应过程被称为相对惯性。惯性的来源通常包括企业组织内部因素和环境所带来的压力等。企业组织的有限理性与不完全信息、企业组织成员由于既得利益而对变化的抵制以及变化所需要的资金成本等不利因素，将阻碍变化发生的速度。企业组织所面临的制度环境如法律、文化等也可能妨碍组织的变革进程。

在组织生态学者看来，组织的生存和消亡才应该是组织理论研究的核心议题。组织的创建与解散状况即存活率（vital rates）是需要首先考虑的变量。社会、种群和个体组织（community，population and organization）这三个层次的社会生态现象，组织生态学将关注的目光投入种群层次。而在经济演化的研究中，种群层次也就是指产业层次。组织生态学认为，种群是指由具有同样的特殊组织形式的个体组成的群体。在种群动态发展的研究中，竞争性与合法性（competition and legitimacy）这两个概念位于中心位置。竞争性是指种群间对有限资源的争夺；合法性则描述了社会环境对特定组织形式的接受程度。一个特定的环境范围内所能够承载的个体存活的数量存在一个最大值，这个环境被称为“小生境”市场（niche）。特定的资源环境中允许生存的个体组织在总数上存在一个极限。环境的承载能力与种群数量增长率之间的关系可以用逻辑斯蒂方程来描述：

$$\frac{dN}{dt} = rN\frac{K - N}{K}$$

上述方程表示在规模为 N 的种群中，个体数量的增长率由因素 r 和因素 K 决定。r 代表自然增长率（intrinsic growth rate），指的是种群在没有资源约束条件下的增长率。K 则表示小生境的承载能力。

种群发展的一般趋势通常如图 2－5 所示：在阶段 $O-A$，种群中个体数量的增长率较低，种群规模比较小。由于少量个体享有大量资源，个体组织之间不需要对资源进行争夺，环境承载能力的重要性不显著。进入阶段 $A-B$，个体数量和组织密度不断增加，相同类型的组织形态在特定种群中大量繁衍，该类组织形态的合法性明显提高，死亡率明显下降，这种趋势一直持续到环境承载能力的极限。自然增长率 r 在这一阶段是决定个体数量增长的唯一因素。到达 B 点以后，随着组织个体数量的继续增长，达到甚至超过环境承载能力的极限，承载能力 K 的决定作用逐渐凸显，导致新进入者数量的减少和市场退出率的提高。

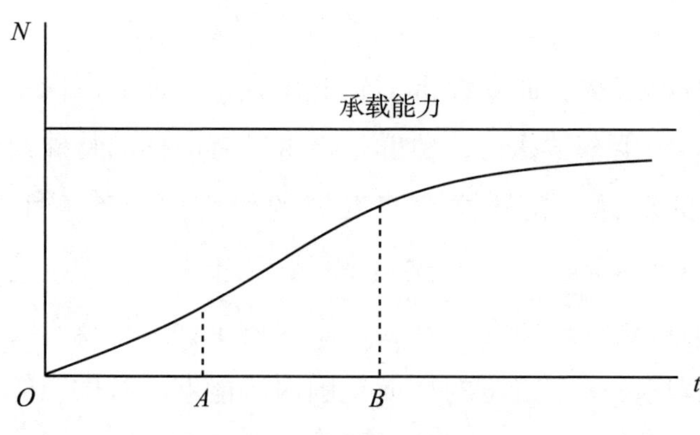

图 2－5　种群成长阶段

组织生态学家根据组织特征对组织战略类型进行了划分，并分析了各种组织战略类型与不同环境状况之间的适应程度，指出在特定环境下一些组织较另一些有更好的表现。根据上文的方程和图 2-5 中显示的变量之间的关系，组织生态学者划分了五种不同的组织战略类型：*r*-型、*K*-型、通才型（generalists）、专家型（specialists）和多态型（polymorphists）。*r*-型组织是最早进入特定环境的种群成员，由于成长环境优异，*r*-型组织的结构相对简单，战略特点表现为快速组建并迅速占领新环境。*K*-型组织则是在 *B* 点以后进入的组织，由于此时对资源的争夺程度加剧，其战略表现强烈地依赖于资源摄入量、资源利用效率和稳固的组织结构。通才型组织和专家型组织的区分也与其所处环境范围上的差异相关。通才型组织倾向于占据较大的环境范围，专家型组织则处于是一个狭窄得多的局部环境。而多态性组织则是专家型战略和通才型战略的结合，从而具有更强的适应环境偶然性的能力。

与组织战略类型相对应的是对环境特征的划分，变异性、质地和不确定性（variability，grain and uncertainty）是划分环境类型的三大特征。变异性是指环境变化的激烈程度，用激进或渐进两种表现来划分，激进的环境在环境状态曲线上的表现是“凹”的（concave），渐进变动的环境则表现为“凸”的（convex）。质地与环境变化的频率相关，同样地，在环境状态曲线上，“光滑”（fine-grained）表示变化是连续的，“粗糙”（coarse-grained）则代表变化是间断零散的。不确定性是变异性和质地特征的衍生环境特征，频繁而激烈的变化通常导致较大的不确定性；温和而零散的变化一般伴随较低水平的不确定性。表 2-1 清楚地描述了企业组织战略类型与环境条件的匹配程度。

表 2－1　　组织战略类型与环境条件的匹配

环境条件			
质地	光滑	光滑－粗糙	粗糙
变异性	不确定	相对确定	确定
凸	r－通才型	K－通才型	K－通才型
凹	r－专家型	K－通才型	K－专家型:

上述理论从不同角度对产业演化的动力和过程进行了研究。尽管这些研究都存在粗糙和片面的问题，如熊彼特理论过于关注技术而忽略了制度的重要作用；马歇尔对产业动态发展的认识较为模糊；演化经济学过于重视群体思维；组织生态学则基本放弃了企业组织的能动作用等，但是仍然对产业演化理论的发展做出了重要贡献。从这些研究中可以得出如下结论：创新是产业演化的重要动力；企业组织的多样性和异质性是产业演化的基础；产业演化的机制包括差异、选择和复制；环境可依其变化的激烈程度划分不同的类型，并对产业的演化形成不同的影响等。

2.3.3　组织理论

组织理论的发展经历了从单纯关注企业组织内部向企业与环境互动视角的转变：组织成长理论认为组织变革是计划性和阶段性的；权变理论打开了企业组织封闭的大门，认为企业组织是开放性系统，而组织变革是完全外生的；构型理论认为组织的构型决定了企业的异质性，组织变革的目的在于提高企业组织对环境的适应性；资源依赖理论则强调组织对环境的获取、利用甚至改造等。

（1）组织成长理论。

组织成长理论认为组织类似于生命有机体，具有包括出生、成长、成熟和死亡等阶段的生命周期。与早期理论认为生命周期是一个不可逆的过程相反的是，组织成长理论认为，生命周期中的阶段是可以预测和重复的。因此，组织必须做到完全了解自身所处的发展阶段，以便采取适宜的策略。组织成长理论的观点是基于完全理性思想的，认为企业组织可以清晰地界定自身发展阶段，可以前瞻性地做出策略调整，以避免由于无法及时变革而陷入衰退和死亡的困境。组织变革在组织成长理论的观点中，被视作是计划性和阶段性的，通过人为的精确计划而采取的及时行为。这种经过精确计划的变革策略将提高企业组织的绩效，维持组织的生存和发展。也就是说，企业组织的变革是可以抛开环境变迁的影响，完全由人的主观能动确定、发展和完善的。

组织成长理论的重要贡献在于对组织生命周期及其阶段可重复性的阐述。企业组织是动态发展的，然而组织变革的动力则完全是内生的（endogenous）。组织成长理论将企业组织封闭起来，提出变革完全独立于环境。同时，组织成长理论也没有明确地指出组织变革是如何导致企业组织迅速适应环境的，此外，组织在变革过程中的结构变异和行为改变等方面的具体表现均没有被提及。

（2）权变理论。

随后的组织理论对组织与环境的互动关系给予了更多关注，权变理论、构型理论和资源依赖理论是这一时期的代表。权变理论认为，组织内部结构设计可以反映环境的机会与威胁，能够因应环境的变动进行理性的调整。权变理论与组织成长理论最大的区别在于，打开了企业组织封闭的大门，提出企业组织是开放性的系统，重视环境的作用，指出企业组织与环境保持密切的互动。权变理论摆脱了新古典经济学代表性企业式的最佳组织原则，认为企业组织之间是具有差异性的。环境的不同特征对组织有不同的限制。企业需要对环境特征进行彻底考察，理性调整结构和行为模式以适应环境。提高组织对环境的适应程度，也就是提高了企业组织的绩效。

与组织成长理论不同的是，权变理论强调组织变革是外生的（exogenous），是由环境的变化引起的。根据这一观点，权变理论得出了组织变革和环境变迁之间存在函数关系，其中，环境变迁是自变量，组织变革是因变量。这一点相较于此前的组织理论已经有了巨大的进步，然而也因为这一点走向了另一个极端。权变理论认为组织只能被动地适应和依附客观环境要求，而实际中存在的组织的主观能动作用则完全被忽略掉了。同时，组织变革的具体实施过程也同样没有详细地阐述。

（3）构型理论。

构型理论同样认为组织变革的目的在于使组织适应环境。企业组织在构型理论中被阐述为复杂的社会集合体，组织是一种构型（configuration）。由于组织的构成要素之间能够维持较长一段时间的均衡，组织构型将会保持一段时间。构型理论的这一观点类似于组织生态学中的组织形式，即组织的构型决定了组织的异质性。而组织构型的改变则根源于要素间的动力积累，当要素间的动力不均衡积累到达一定的程度时，组织构型就会随之改变，这也是一种量变积累至质变的过程。限制组织构型有两项因素：组织外部的力量和造成一致性构型的内部压力。

早期组织理论认为，组织是结构要件的集合体，这些要件之间不存在系统的联系。然而构型理论认为，组织的结构要件之间是具有系统性的联系的。任何要件的增删都将对组织的适应性产生重要的影响。组织要件的构成和结构同时也要与企业所面临的环境相适应。构型理论的发展完善了权变理论的片段观点，提出了企业组织的异质性来源于组织构型。同时，将组织变革的过程描述为组织内部的要素间的动力积累到达一定程度后，所导致的组织构型转变。这一点不仅继承了权变理论中企业组织为开放性系统的结论，同时也较为清晰地描述了组织变革导致组织对环境适应性改变的过程。

（4）资源依赖理论。

资源依赖理论采纳了权变理论的许多观点，认为权变理论的重要性在于强调了组织结构的机动性。而资源依赖理论则进一步阐述了企业组织的自主能力，即其对环境资源获取和利用的主动影响或控制。对于组织变革，资源依赖理论也提出了更为全面的解释。该理论认为，组织变革是由资源的重要性、组织对于其他组织所拥有资源的支配能力、市场上的资源集中程度等因素决定的。同时也对组织变革的目的进行了阐述，认为组织是为了降低环境的不确定性，以便更加有效地运用与掌握环境资源从而确保生存和发展而实施变革行动。

资源依赖理论根据企业组织在产业中所处的不同位置划分了三种变革策略。当企业组织在产业中处于相对劣势地位时，则需要主动选择依赖对象；当企业组织间的能力对比相对而言较为平均时，则通过平等的互动联结以掌握环境资源；当企业组织处于优势地位时，则采取使外部组织依赖自身从而形成相互依赖关系的策略。资源依赖理论对企业间网络的认识也对产业演化理论的发展产生了重要影响。企业组织间存在相互依赖的网络结构，企业组织在网络结构中的地位将影响企业组织结构的调整与安排。同时，该理论认为企业组织在网络中的互动关系源自资源的相互依赖，由于环境的资源容量和变化，企业组织间出现高度自主决策的依存关系。而这一点认识也与组织生态学的观点表现出了一致性。

权变理论、构型理论和资源依赖理论的发展，为组织变革的研究提供了丰富的理论基础。组织变革因此可以被描述为这样的过程：企业组织在企业间网络中与其他组织频繁地互动，引发组织内部的变革，以降低获取资源的不确定性和对外部组织的依赖性。组织变革的结果是改变企业组织内部的结构，同时也改变了环境，即与依赖对象协商创造对组织有利的环境。然而资源依赖理论仅揭示了组织变革的部分内容，同样存在缺陷。该理论强调组织主动理性适应环境的能力表现在组织领导者的理性决策使环境的压力减至最小，策略选择虽有弹性空间，但必须优先考虑处理竞争资源和利益冲突问题。这表明其过分强调对环境的改造，实施难度较高。对于理性的组织变革使组织陷入衰退的困境无法做出合理的解释。

组织理论的发展呈现出由忽视环境的影响到强调企业组织与环境互动关系的转变轨迹，然而从总体上看，组织理论受到完全理性思想的影响，仍然过度强调企业组织和成员对环境的控制能力，这一点与经验现实相违背，但是组织理论仍然为研究产业演化与企业组织变革的关系提供了重要的理论支撑。

2.3.4 国内产业演化研究近年来概况

（1）以中国转轨经济为背景的研究。

该类研究重点揭示了在经济转轨的条件下，中国产业演化的规律和特征，这类研究从历史的角度寻找产业系统不断优化的途径和产业演化的趋势。孙天琦以日、美制造业为例，研究了企业间合作竞争型准市场组织的发展对产业组织结构的影响，由此提出了产业系统的演进趋势是“寡头主导，大中小共生”，提出促进我国大中小企业之间形成“寡头主导，大、中、小共生”的合作竞争型准市场组织，以提高我国产业系统的合理化。

（2）系统论的角度。

这部分研究从系统论的角度揭示产业演化的特征。蒋德鹏通过对企业总成本设定合理函数，引入成本因子这个随机变量，建立了产业演化模型，论证了成本优势在产业演化中的重要地位，阐述了过程革新和产品开发等策略对于企业取得和维护产业主导地位的重要性。袁春晓将供给链形式的变迁解释为一个以技术创新为推动，由差异、选择和维持三大机制共同作用的渐进过程。

（3）动态演化的观点。

这类研究借鉴和发展了西方产业组织演化的思想，建立了马尔科夫性质（Markov property）、具有动态演化特点的产业演化模型。杨蕙馨指出应该在总体上形成一种企业进退自由的氛围，政府应根据不同产业的特点设置不同的进入退出壁垒，引导产业组织的合理化，同时政府的产业组织政策的引导方向必须与市场信号引导的企业利益相一致才会得到企业的认同和自觉执行。

2.4　产业演化的分析逻辑

2.4.1　产业演化的前提：多样性和异质性

产业系统内的多样性和企业组织之间的异质性是产业演化的前提。多样性是系统演化的结果又是系统演化的前提。当系统面对不确定的环境时，系统内部多样性是对应外界环境多样性的必要条件。系统的多样性将增加系统对环境的适应程度，这是演化的前提。环境变化的程度将对系统产生相对应程度的刺激。当环境变化发生时，多样性的表征状态也必须随之发生改变。进化生物理论的自然选择原理表明：在给定一个常数适应度函数的前提下，系统演化的平均适应度与适应性的加权方差成正比（大的方差意味着多样化程度的提高）：

$$\frac{\mathrm{d}f}{\mathrm{d}t} = \mathrm{var}(f) \geqslant 0$$

其中，var（f）代表系统中所有个体适应性的加权方差。这表明具有多样性的系统更有能力去适应环境的变化。多样性对系统适应能力的保障来源于两个方面：一是为系统提供与复杂环境变化的相对静态匹配；二是保证在环境变化后系统对环境的适应能力。当环境变化的程度尤为剧烈的情况下，仅具有与环境相匹配的多样性显然无法满足需求，因此，系统必须具备大于与可预测的环境变化相对应的多样性的过度多样性，才能为系统的演化提供可持续的基础。产业所面临的环境正是变化剧烈并充满不确定性的，过度多样性对于产业的演化，提高产业的适应能力是非常重要的。

企业的异质性是保证产业系统多样性和演化进程的另一个前提。对于产业系统来说，不同规模、不同特征的企业组织的共存和相互作用是产业演化的前提。在基于还原论方法构建的新古典经济学理论中，所有企业都是同质的，企业之间不存在相互影响、相互交流的基础。企业本身无力影响资源的配置，价格是资源配置的唯一信号。而经济演化研究认为，企业是具有异质性的。而异质性正是来源于企业内生的知识和能力积累的特征，表现在企业家认知、惯例、互动模式、规则和文化差异等方面。正是由于企业异质性的存在，使得企业的演化、企业间的互动以及耦合至产业层面的演化具有了发生作用的基础。

在多样性和异质性的前提下，产业系统的自组织发生在两个层次上：自组织作用下在微观层次上的选择增强机制（正反馈）；宏观层次上涌现出表征系统演化整体模式的序参量。多样性和异质性保证了系统对环境的适应，并促使系统向新的层次演化，如图 2－6 所示。

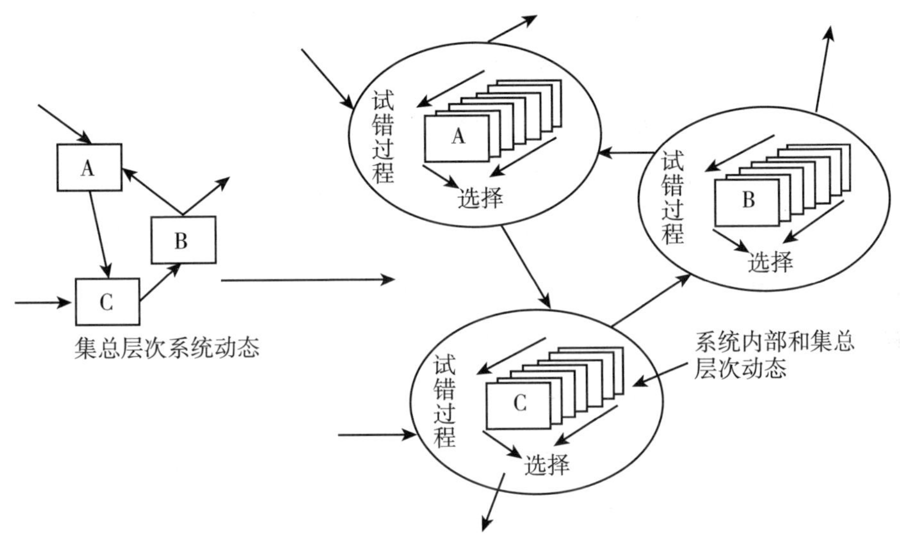

图 2－6　选择和探索的过程

2.4.2　产业演化的基础：创新

新古典经济学描述的是一个具有完全信息和完全知识的经济世界，不存在不确定性和信息不对称。在这个基础上，企业和成员对创新的设想将具有完全一致的价值预期，成员没有动力将创新的设想扩展到产业系统。因此，创新在新古典世界里无法构成演化发展的动力。而现实世界中的知识是不确定和非对称的，这使得成员对新知识的价值预期产生不一致，创新在此成为经济演化发展的动力。创新增加了系统的多样性，为选择过程提供多样化的选择空间。创新可以分为激进型创新（radical innovation）和渐进型创新（incremental innovation）两类。激进型创新是指带来产品或工艺过程显著变化的创新形式。渐进型创新则通常指局部改进。

产业创新存在泾渭分明的两个阶段：阶梯阶段和循环性过程阶段。阶梯阶段的特征是由科学家主导的过程，通常在企业之外实现。这一阶段的创新实际上应该视作科学创新。而通常所指的狭义创新则首先来源于企业组织，是企业组织能动适应环境的行为以及企业间互动反馈，循环往复的结果，即循环性过程。循环性过程阶段是指由一系列重复性和连续不断的改进组成的阶段。创新对产业经济和产业演化的作用主要来源于循环性过程直接影响。这一阶段最重要的环节是从设计到制造。而商业化环节也是创新能否获利的关键环节。产业的竞争能力尽管受到许多因素如宏观经济环境、制度环境和政府导向等的影响，然而技术创新和企业将创新转换为市场优势的效率却是更为关键的演化动力。

2.4.3 产业演化逻辑

产业是由企业互动生成的，企业的微观演化通过企业间互动耦合至产业层面的宏观演化，而产业演化作为企业的学习环境和选择环境也塑造了企业的演化轨迹。可见，企业间的互动是联系企业和产业演化的关键环节。宏观是微观互动的结果，而不是微观理性计算的结果。企业之间的互动过程也是人类知识积累的重要机制。因此，企业和产业的协同演化可以分为三个层级：一是微观层级，即企业演化；二是中观层级，即企业间互动；三是宏观层级，即产业演化，如图 2－7 所示。

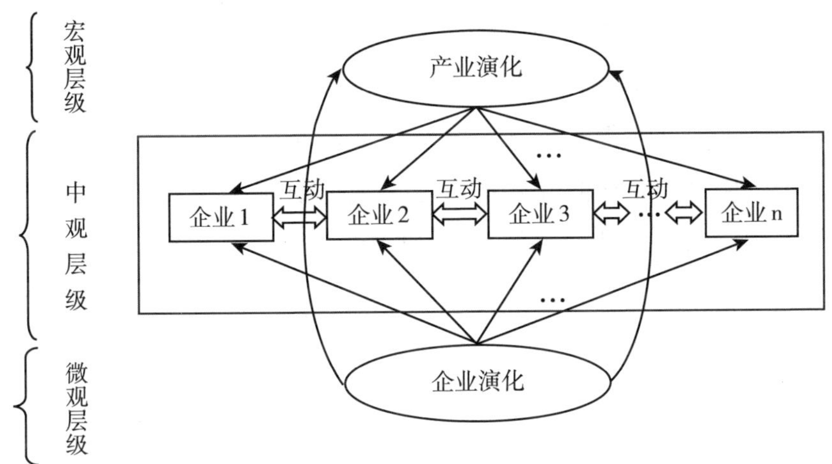

图2-7 企业和产业的多层级共演逻辑

(1) 微观层级。

企业演化指企业自身的成长和发展过程，企业演化具有生命周期规律，包含企业的创立、发展、成熟和衰亡。由于企业可以看作知识库，企业演化的过程即在面对不确定环境时的知识调整过程，包括学习过程和选择过程。因此，企业的演化行为本质上是企业的学习或知识调整的行为，企业演化本质上也是企业的学习过程或知识调整过程。

(2) 中观层级。

企业与企业之间的互动及互动形成的网络是产业演化的中观层级。与其他企业的非线性互动是企业与产业知识创新和知识扩散的重要途径。而企业成员的非线性互动通常是通过存在于企业间的网络结构进行的。因此，企业和产业的知识创新和扩散是内嵌于企业间的网络结构中的。网络结构对知识的创新和扩散具有重要的影响。

(3) 宏观层级。

与企业演化相类似，产业演化也是指产业的成长和发展过程，具有生命周期规律，即涵盖产业的发育、成长、成熟和衰亡。所不同的是，产业的演化是从宏观或系统的视角进行研究，关注总量和结构的变化。产业是企业间互动的结果，产业的演化过程需要通过企业间的学习和选择过程来解释。因此，通过微观层级的企业演化以及中观层级的企业间互动耦合至宏观层面就导致了产业层面的演化。产业层面的演化是企业演化和企业间互动的结果，与此同时，也改变了企业演化和企业间互动的生存环境，影响了企业的演化行为和方向。

第3章

产业演化的自组织基础：组织变革引发的企业演化

3.1 组织变革与企业演化

3.1.1 企业演化的基本假设

（1）企业是复杂系统。

根据系统科学理论，系统是由一些相互联系、相互制约的组成部分结合而成的、具有特定功能的一个有机整体（集合）。企业是由相互联系、相互制约的任务单元结合而成，具有明确的结构，表现出一定功能的有机整体。因此，企业是一个系统，企业组织处于不确定且不断变化的环境中。企业系统的演化是不确定性和复杂性不断增加的过程。企业组织的复杂性是由复杂的环境引起的，真正体现企业核心能力与价值的知识并非编码性知识，而是从组织与环境互动、历史的经验以及自我反省的非正式对话中表达出来的思维模式。而企业组织的复杂环境可以划分为内部环境和外部环境。内部环境的复杂性来源于组织成员、核心技术和运作流程，而外部环境的复杂性则来源于顾客、市场、供应商、竞争对手、政府、工会和社会组织等对企业的要求。

（2）企业成员的行为具有有限能动性。

作为复杂系统的企业组织，要求系统中的个体具有主动性和能动性。而由于人的有限理性，系统个体的能动性是有限制的。系统成员的有限能动体现在主动地与系统中其他主体和环境进行信息和资源的交流。当遇到新的环境变化时，将启动搜寻行为，对邻近信息进行搜寻、整理，并对个体行为进行调整。系统成员的学习行为可以被描述为接受刺激—做出反应—得到反馈—修正规则—提高适应度的连续过程。系统成员的有限能动带来了“涌现”（emergence）的结果。即主体之间以及主体和环境之间存在着复杂的非线性相互作用，微观个体的进化使宏观系统呈现出新的状态和新的结构，导致企业系统的演化。

（3）企业演化的外因是环境变迁。

企业组织是复杂系统，系统具有开放性的特点，需要和环境及环境中的其他个体进行不断地交流和互动。复杂适应理论提出，系统获得持续存在和发展的唯一途径就是与环境相适应。企业组织在面对复杂的环境及其变化时，将采取适应性行为。组织成员具有自主判断和行为的能力，具有与其他成员和环境交互信息和物质的能力，能够根据其他成员的行为和环境的变化不断调整行为规则，从而使自身以及整个组织与环境相适应。

3.1.2 组织变革是企业系统成员能动适应环境的涌现

企业系统面对的环境是不断变化的。在面对不确定的环境变化时，企业成员体现出了其有限的能动性，这种能动性表现为个体的学习过程。个体学习的过程和结果将与环境和其他个体之间发生不断的信息交换和互动，而互动最终将带来一个结果，就是整个企业组织的变革。可以说，企业组织的变革是企业系统成员能动适应环境的结果，是成员间的互动产生的、在系统层次的“涌现”。

复杂适应系统理论认为，面对环境变化，企业系统获得生存的唯一手段是组织变革。企业组织通过变革以应对环境变化，体现出了企业对环境的适应力。组织变革为个体与组织之间、组织和环境之间的匹配和适应提供了纽带。组织变革关注整个企业组织系统的变化，因为企业与环境之间紧密相连，恰当的变革途径将使企业组织提高对不确定环境变动的适应性。组织变革需要充分发挥企业成员的主动性和能动性，并且创造机会使个体的适应性行为涌现为组织的适应能力。

组织变革引发了企业的演化过程。广义上的企业演化过程是一个漫长的量变引发质变的过程，包括环境变化的诱导—企业成员学习行为的改变—企业系统演进的全部过程。然而企业成员的学习对系统知识存量的改变只有累积到一个限度，才会在企业系统中形成变革的必要性。环境变化将在不同程度上改变组织成员的认知，同时将带来与其相对应的行为改变。较低程度的认知改变，只改变组织内部局部变项的水平（如个人技能）或变项的价值意义（如标准），不改变企业组织的主导逻辑；随着认知改变程度的提高，则有可能改变变项数量，甚至改变企业组织的主导逻辑（如以顾客反应逻辑取代生产驱动逻辑）。较高程度的认知改变更易于唤醒高层管理者的认知，高层管理者对变革的启动将推动企业系统发生质的改变，此时，企业系统的演进发生。因此，从狭义的角度来看，是组织变革引发了企业组织的演化过程。

3.2 组织变革概述和动因

3.2.1 组织变革的定义、内容和分类

组织变革（organizational change）是指企业组织受到环境变化的冲击，调整组织结构、控制制度、组织文化、组织程序等不同构面间的互动关系，使组织从原有状态转变成新状态的过程。组织变革的目的是适应环境变迁、提高组织绩效、维持组织的生存与发展。根据变革的方式，可将组织变革划分为两种类型：渐进式变革和激进式变革。渐进式变革指的是变革在组织内部影响的层面有限，不会改变组织的主导逻辑（dominant logic），调整的范围是局部的，变革的主要方向是提高企业组织的短期经营效率。渐进式变革的根源是寻找与组织成员间经验具有相似性的习惯性思维（habitual thinking）。激进式变革是指变革的影响层面是全面的，彻底更新组织的主导逻辑，并进行大幅度的突破性创新。激进式变革的方向则是扩大组织生存与发展的可能。激进式变革针对企业对环境的长期适应性，其根源是寻找与组织成员间的经验具有差异性的创造性思维。

关于组织变革的产生机制，不同的学者给出了不同的解释。部分学者认为组织变革具有辩证的逻辑。组织是一种依其本身逻辑运作的自我创生系统，组织变革是一种自我创生行动。组织的变革与环境网络是处于协同演化中的，组织变革是通过环形互动而不是线性决定的形式进行的。组织的变革沿着几种不同的方向不断地展开演进。另有学者认为，组织学习才是产生组织变革的根本机制。组织学习发生在企业组织获得的实际成果与期望值产生差距时，依据“错误发现→发展→更正方案→转换认知思想→内化为行动依据”的

循环程序进行。

关于企业组织变革的内容，可以划分为两个部分：一是企业治理结构的变革；二是企业组织结构形式的变革。由于企业是配置资源的一种制度和机制，根据环境的变化来调整处理企业、市场和环境关系，以及企业内部任务单元之间关系的方式，是一种治理结构方面的变革。而如何在企业内部划分和确定部门，如何确定企业中的管理层次和管理幅度，以及如何确定企业集权分权关系，使得企业成员在组织结构中为更好地实现企业目标而努力，则是企业组织结构形式方面的变革。治理结构的变革是企业变革的灵魂，而组织结构形式的变革则是变革的躯壳和实质内容。这两方面的变革是相互影响、互为促进的。

组织学习可以分为三种类型：单环学习、双环学习和再学习。单环学习（single - loop learning）是指企业在原有主导逻辑与组织惯例下能够满足组织更正的程序。在单环学习中，企业并不具有质疑、再思考或改变既存的系统基础价值或主导变量的能力。双环学习（double - loop learning）则与单环学习相反，通过更新主导逻辑与组织惯例以进行组织的更正程序，企业此时具有质疑、再思考或改变既存系统基础价值或主导变量的能力。再学习（deutero）是指从学习过程中学习如何学习（learning to learn）。

组织学习带来组织认知的改变，对应组织内部成员共同行为的改变，这将逐渐形成组织变革前的基础和前提。学习是改变的基础，没有学习带来的知识存量的变化，变革也就失去了发生的必要条件。

3.2.2　组织变革的前提：组织的学习能力

对于企业组织系统而言，应对与环境变化之间矛盾的能力并非与生俱来，而是组织学习的结果。在企业组织与环境发生作用时，企业为了提高对环境的了解而对以往行为进行观察和思考，将会产生组织学习。组织学习的能力影响企业对环境的适应性，从而影响组织的生存能力。组织学习为组织变革的发生奠定了基础，因此通过变革提高企业对环境适应能力的前提是提高企业组织的学习能力。

组织变革的成功来源于组织成员学习能力的建立与提升，而成员学习能力的建立则需要首先确保成员对组织学习的承诺。承诺程度越高，企业在变革中处于混沌状态的时间就越短。组织学习是为适应环境变迁所引发的知识搜寻、获取、修正、更新或增长的演化过程。企业组织在与环境变化的矛盾中所出现的错误是学习的源泉，组织需要具有自我修正错误的能力，才能够从错误中获得知识，从试错中开展新一轮学习。从自组织的角度来看，组织学习是一种复杂的自组织过程。

(1) 组织学习的过程。

组织学习是一个动态的过程。组织学习发生的载体有个人、团队和组织三个层次。组织学习的过程是在三者之间自然过渡的，较难精确定义组织学习各子过程的始点和终点。笼统地看，组织知识的发展经历如下的过程：

如图3-1所示，在未曾经历与环境的互动之前，企业组织的思维模式相关知识的基本概念和内容处于无组织状态。这些知识需要通过组织成员的个人学习和解释联系起来，并内化（internalization）成个人记忆中的默会知识。成员个人的默会知识在企业内部相互沟通交流从而社会化（socialization）为企业的共同知识，嵌入在组织记忆中形成企业的默会知识（tacit knowledge）。默会知识由于流动性、随意性较强，企业通常将其外化（externalization）成有用的秩序，成为可描述和管理的显性知识（explicit knowledge）。显性知识发展成为结构性知识，成为创造新知识的基础。这个完整的过程将促进企业组织的演化发展。因此，组织学习一般始于组织中个人的探索，一旦获得成功，将发展成为成功经验，在组织中得到应用和推广。

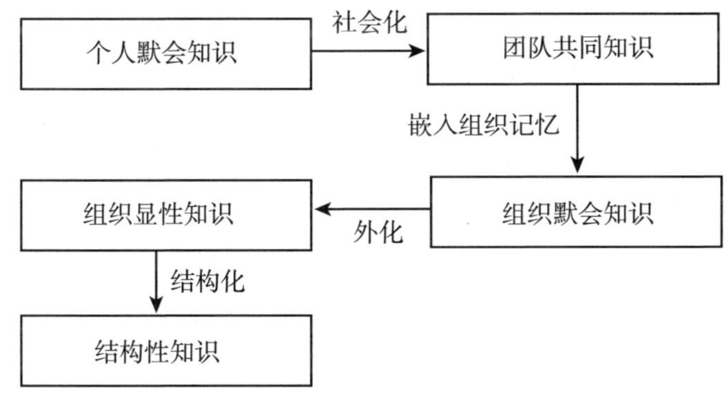

图 3－1　组织知识结构化的过程

具体地看，如图 3－2 所示，组织学习的过程可以划分为四个阶段：

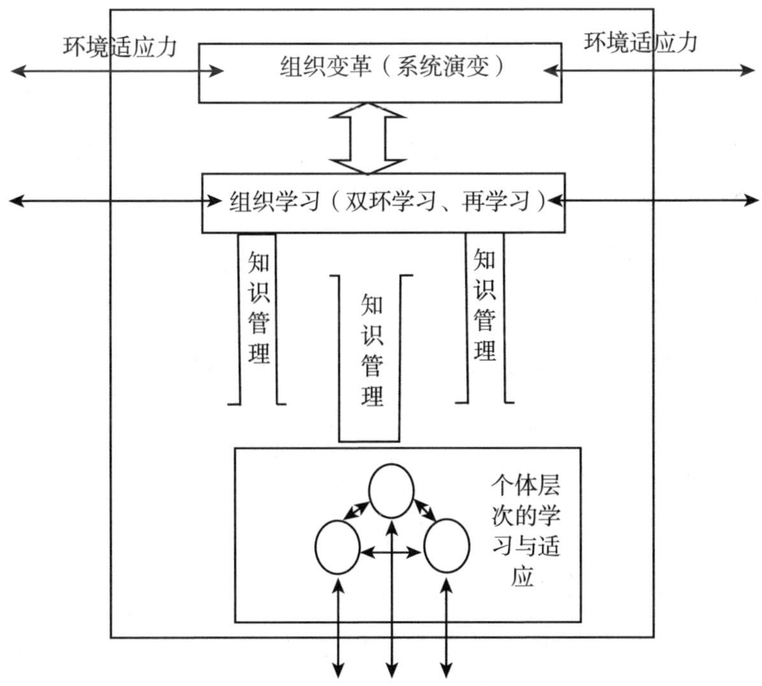

图 3－2　组织学习、组织变革与企业适应力

① 直觉感知过程。

直觉感知是组织学习的第一阶段。在这一阶段，企业将对以往的行为模式产生一种新的再认识，这个过程主要是依靠企业成员的个人经验和内在潜力对环境变化进行感知的过程。组织成员的个人感知，通过与组织其他成员的交流互动过程作用于他人。直觉感知是一种潜意识的不自觉学习过程，是基于成员个人直觉对环境变化做出的一种判断。由于成员个人具有无法复制的个人经历，每个成员在探寻新知识的过程中带有极强的主观性，这使直觉感知过程获得的经验只能作为一种默会知识，无法用语言来描述，难以显现、检视和解释。直觉感知尽管影响了成员个人的行为和思维，但实际上却很难将经验直接与其他成员共享。沟通的唯一方式是想象和隐喻，隐喻使信息从相近的已知领域传递到一个全新的完全未知的领域，为无法用确切语言描述的想象空间与可以用共同的语言解释和分享的现实架起了一座桥梁。直觉感知仅止于成员个人的想象，而试图向其他成员解释的过程，则进入了下一个阶段。

② 解释说明过程。

第二阶段的解释说明来自直觉感知阶段的自然过渡，成员个体获得的经验储存于想象空间之中，必然产生解释说明的欲望，希望通过语言或行为来解释直觉。这一阶段与企业面临的环境紧密关联，个人的思维方式一方面受到环境的影响，另一方面也主导了解释说明的过程。同样的环境变化，对于不同的企业成员将会产生不同的反应。这是由成员个体的思维方式差异所导致的。而对于企业内部的团队来说，这种信息理解和反应的差异化，也是必然存在的。这种差异可以通过学习过程中的沟通来解决。在解释说明的过程中，通过成员间的沟通讨论，将会提炼出常用的组织术语，并形成企业的共同知识。这个过程解决了企业成员对相同刺激的不同反应造成的差异，统一了企业内部的行为准则，直觉感知过程中获得的经验在第二阶段中得到了团队的承认。

③ 归纳整合过程。

第三阶段则从沟通认识，统一化规则的阶段进入采取一致行动的阶段，这一阶段被称作归纳整合。归纳整合过程通过对话和共同参与的行动来发展共识。第二阶段的学习过程主要是将存在差异的成员个体心智模式统一化，而第三阶段的学习则通过个人间的沟通、相互适应以达成组织行为的一致性。这里提出了语言和语言的发展性，语言保留了前两个阶段所学习的知识，而在第三阶段则通过交流中的碰撞和激荡思维，产生新的知识。新的知识又同时促进了语言的发展。在新知识产生过程中发展起来的语言使得企业组织内部的交流和互动更加顺畅，更为重要的是，组织成员间的共识得以形成和发展。

④ 制度化过程。

由归纳整合阶段的随意性逐渐变成一种具有规律性的交流和传播时便进入了第四阶段——制度化阶段。制度化将个人和企业的学习成果在企业内部传播和进一步发展的行为变成一种制度，将最初阶段自发的个人和团队内部学习交流过程在整个企业组织范围内发展起来，尽管前面三个阶段的随意性较大，然而却是较为连续的。制度化过程则与其相反，是连续性较差的过程。此时，企业中的结构和原则将发生激进式的变革，开始阶段的积累在此时发生了质变。当组织学习进入制度化阶段，学习的成果就成为企业组织的共同知识，具有一定的稳定性，不随企业成员的进出和组织团队的聚散而改变。环境是不断变化的，企业组织学习过程中面临的调整不仅来自环境的改变，有时也与以往的学习成果相对抗。通过不断的组织学习过程，企业组织与环境适应程度得到提高，获得支撑其可持续发展的核心竞争力就成为可能。

企业组织这种具有自我反省功能的学习过程，实际上是企业的能动性和主动性的体现。部分学者认为，企业组织在学习过程中将会发展出一种演化专长。这种专长是知识基础的核心技术（knowledge－based core technology），是企业提高创新性、适应能力和竞争能力的基础。环境的变化，将不断改变企业组织所拥有的演化特长的相对竞争优势。组织学习的意愿将影响组织变革发生的可能性。组织学习的意愿越强，组织变革的可能性越高。

（2）组织学习引起组织变革的路径。

前文提到，组织学习的模式可以分为单环学习、双环学习和再学习，在分析组织学习引起变革的路径之前，有必要对学习的模式进行具体分析。在单环学习中，企业组织在对环境的观察、思考和获得的经验中形成了抽象的概念，面临变化了的环境时，这些概念将被重新检验，并发现和纠正其中的不足与错误。单环学习所遵循的思维模式仍旧是原有的模式，通常不会质疑和改变组织的基本意愿、信念和价值观。单环学习是基于现有主导逻辑下的一种改良性和维持性的学习。双环学习则不仅是为了实现目标进行的效率改良，还要对组织准则、目标、战略和价值观进行质疑，进而解决原有思维模式下无法解决的问题。单环学习和双环学习实际上并存于企业组织当中，根据变化程度不相同的环境进行选择。而再学习则是指企业的组织学习进行组织学习的方式，在再学习过程中，组织学习的事件和行为得到了重新分析和反思，是一种对组织学习本身的重新思考。表3－1将学习模式、环境变动与组织变革结合在一起，体现了企业在不同情景下提高环境适应力的途径。

表 3－1　　学习模式、环境变动与组织变革的匹配

匹配类型	匹配 A	匹配 B	匹配 C
环境变动	复杂、稳态、可预测	复杂、动态、可预测	复杂、动态、不可预测
组织变革	反复性适应	计划性适应	柔性适应
使用手段	经验、惯例	质疑、预测	反思、权变
学习模式	单环学习	双环学习	再学习

环境变动、组织学习与组织变革之间的关系是一个动态的、权变性的视角。企业采取何种组织学习模式，完全取决于环境变动的剧烈程度和连续程度。只有根据环境变动程度选择相对应的组织学习模式，调整学习方式和学习重点，才能顺利地实现组织变革。图 3－3 中的学习模式、环境变动与组织变革的匹配关系是对企业通过学习、利用组织变革来获得环境适应力的思路的进一步扩展。

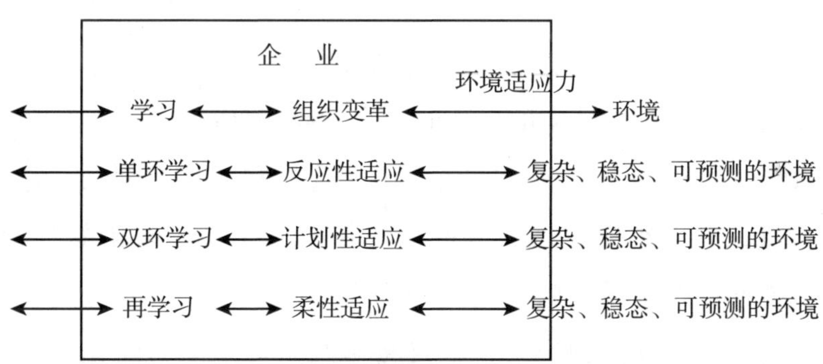

图 3－3　组织变革与企业环境适应力

3.2.3　组织变革的阻力：主导逻辑

大量有关组织变革的研究表明，组织变革在很多情况难以进行或者在实施过程中遇到多重阻力导致背离变革初衷，最终无法获

得成功。该类文献将变革失败的原因归咎于企业组织内部既得利益阶层的反对。这种说法固然有相当的道理，然而从系统论的角度来看，则尚未触及变革阻力的根本。实际上，变革无法进行或变革意图被扭曲的根本原因在于企业组织既存的主导逻辑和组织内部的惯性。

主导逻辑通常是指企业的高层管理者从核心业务单元的行政管理的历史经验中所获得的问题解决行为模式（problem solving behavior）。主导逻辑作为高层管理者成员间共有的认知形式和组织方式存储于其心智结构（mental structure）中，不仅包含认知结构，同时也含有固定的经营管理逻辑。主导逻辑的形成主要来自几个方面：第一，企业组织成员共同的心智模式；第二，企业传统的成功经验与解决问题的方法以及权威的传承；第三，企业组织成员的共同信念建立的主导范式；第四，产业环境和制度环境的规则。企业演化的轨迹具有路径依赖性，企业组织演化历史中的选择将规定企业今后的演化轨迹。在面对环境的变化时，企业组织实际上存在诸多选择，然而选择的过程却要受到此前演化中的选择和行为的制约。路径依赖的特点就是微小偶然性事件的重要作用，在企业演化的过程中，面对可能性选择时任何微小的差异都有可能演化成具有极大差异的结果，而演化过程中的历史记忆又将制约企业未来的演化方向。这解释了这样一种现象：企业组织虽然在所有的演化阶段都具有选择的自由，然而却始终会循着企业自身的历史轨迹不断向前，即不能越过成长历史的阴影（shadow）。企业的演化过程是一种具有不可逆性的发展过程，始终要在企业历史的基础上进行。在此表现出一种马尔科夫链式的发展，即后一个阶段的发展是前一个阶段状态的函数。而企业组织的主导逻辑就是企业的决策和选择历史共同产生的结果，企业演化历史上所有的变革行为和事件都塑造了企业当前的主导逻辑。企业的演化包含已经沉淀的偶然事件的历史记忆，企业组织当下所进行的变革努力无法摆脱这种历史记忆的影响和限制，必须在成长历史中已经稳固的主导逻辑的主导下进行。

正是由于主导逻辑和演化历史所表现出来的路径依赖性，使得企业行动必将承袭企业所具有的历史记忆，并以相同的行为模式进行。主导逻辑因此也具有了某种稳定性，按照这种已经被接受和认可的行为模式去认知企业、环境以及企业与环境互动所表现出来的复杂性，将其简化至企业组织熟悉因而易于处理的程度。在这个意义上，主导逻辑缩短了企业认知环境的时间，在短期内或变化较小的环境中提高了企业的效率。但是当主导逻辑一再地被确认和信任，形成了企业成员的某种惯性思维，就将对企业组织长期的发展产生负面影响了。因为主导逻辑在某种程度上控制了企业的思考逻辑以及组织惯例，使得企业对环境变迁认知的敏感性降低，将在一定程度上阻碍变革的发生。由于人们习惯的是“见其所信”而非“信其所见”，主导逻辑将把企业带入某种危险的境地，只习惯于接收与主导逻辑适应的信息，形成对外界观察的隧道视野（tunnel vision）。对环境变迁认知的敏感性降低也必然降低企业的学习能力，因为学习的基础是对环境变化保持清醒和及时的认知。主导逻辑带有一种自我增强的性质，因为主导逻辑通常来自企业演化历史中较为成功的经历，一旦在企业组织范围内确立起来，就十分难以纠正和改变。此时，主导逻辑就成为阻碍企业生存和发展的藩篱，致使企业适应力降低甚至退出市场或瓦解。

主导逻辑由于具有自我增强的性质，将在某种程度上成为阻碍变革发生的最大力量，因此，改变企业持续存在的主导逻辑是组织进行成功变革的必要条件。主导逻辑的改变与环境变化的不确定程度密切相关。当企业面临的环境发生巨大的变化时，必将反映至企业内部，致使原有行为模式的收益发生大的改变。此时，依据原有的主导逻辑去应对环境变化已经失去现实可能，企业将选择启动双环学习模式。双环学习本身就是对主导逻辑的质疑和共同观念的改变，其所具有的正反馈过程将在企业共同认知中放大环境变迁的程度从而推动主导逻辑的改变。当企业认识到是主导逻辑阻碍了变革的发生，导致了企业对环境的适应能力减弱时，将采取逆向学习方式，以改变和重新塑造既定的主导逻辑。因此，在企业演化的过程中，主导逻辑被质疑、修改、摧毁和重建是必然选择。

然而，对主导逻辑的转变也并不能够保证变革的成功。有学者对企业演化过程中主导逻辑变化与企业生存发展之间的关系进行了实证研究，发现并非改变主导逻辑就能确保变革获得成功。在环境变化速度较快、程度较高的情况下，在部分企业内部多种主导逻辑竞争的过程中，形成了新的主导逻辑，并成功实施变革，度过了面临的难关；而部分企业则在转变主导逻辑后，仍然无法逃脱被淘汰的命运。原因是无论新的还是旧的主导逻辑，都无法适应已经变化了的环境。

在企业演化的过程中，组织变革的发生基于两种非常重要的因素，维持现有主导逻辑的持续惯性和重建新的主导逻辑的推动力量。这一正一反两种力量交织一处，形成鲜明对照。当这两种因素都表现强烈且持续对抗时，变革的目的和原有的状态存在非常明确的对立点，这使得既得利益阶层采取完全的对抗。当两种力量此消彼长，获得了一种势力均衡时，变革就无法进行。而只有发展到企业面临全新的情况，新的问题在既有主导逻辑内无法获得解决时，才会产生寻求解决方案的创造性力量，这种力量将摧毁既有主导逻辑存在的基础，引发新的观点、认知和学习。新的观点和认知增强了重建主导逻辑的推动力量，原有的阻碍惯性被削弱了，当推动力量强大到足以压倒阻碍力量的情况下，企业的组织变革发生了。

3.2.4　组织变革的动因

关于企业组织变革的动因，通常是从内部与外部两个方面来考察。类似地，如果从开放系统演进的角度分析，系统演进的内部动力应为组成要件之间的互动，在企业组织内部应为合作式竞争；而外部动因则是环境对企业组织的影响以及二者之间的协同演化。

（1）变革的内部动因。

企业变革的内部动因，在于组织内部各作用体间的互动关系，这种关系表现为既相互竞争又相互合作。企业内部作用体的合作式竞争体现在对于变革方案的需求和决策方式上。实际上，各种变革方案都具备在企业内部实施的可能，变革开始之前，首要条件就是对变革方案进行选择。由于面对不同的环境变化，将会有不同的对应方案，而企业只能选择一种作为该情境下的显性（phenotype）方案。变革方案的决定不可能是深入思考的结果，当然也并非完全随机产生，而是以企业组织的使命和愿景为基础，通过组织内部作用体的合作式竞争形成的面对未来的共识。

如图3－4所示，组织变革的决策过程是以组织使命和愿景为基础产生了深思熟虑的方案和随机出现的方案，再通过非正式的企业内部复杂的合作式竞争过程，选择最终的变革方案。不同的方案拥有不同的支持群体，并非在可认知的情况下看似最为合理的方案就能够成为最终被选择的方案。方案的决定同样需要遵循一定的原则。首先，变革方案与环境变化的适应程度是选择变革方案的首要条件。而方案与环境适应程度的基础来源于企业成员对环境变化的认知。此时专业化因素成为关键要素，如果面临的问题更多地涉及专业问题，那么专业人才最多的群体所支持的方案将会获得通过，因为这一群体拥有其他群体所没有的维系企业生存最重要的资源。如果这样不能获得结果，那么决定的方式将转化成为不同的方案拥护群体之间的竞争，此时演化的历史效应显现作用，各个群体过去的变革方案的执行绩效以及组织内部的支持程度，对于其拥护方案能否获得通过至关重要。

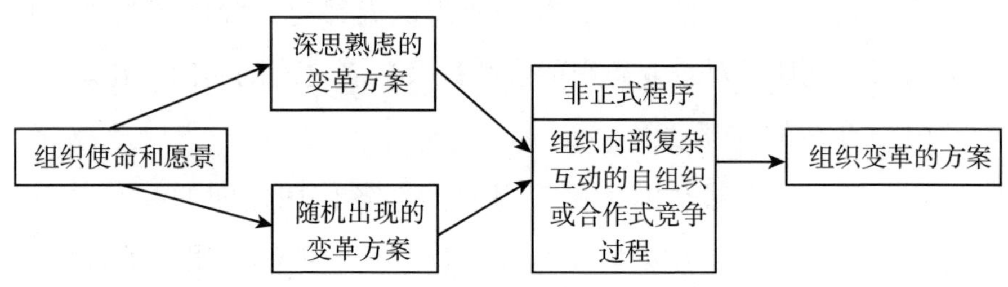

图 3－4　组织变革的方案决策过程

但是，变革方案及其拥护群体之间的合作式竞争并非都能获得决策结果。各群体之间所拥有资源的此消彼长，可能产生一个达到关键多数的结果，然而也有可能任何一个方案都无法获得通过。此时，企业组织在内部就可能产生不同的观点和分歧，并进一步侵蚀已经达成的共识。如果情况相反，即合作式竞争的结果产生了高强度的共识，这时共识主导了企业多数成员的思维模式，这将使企业迈向群体思考（group think）的边缘，企业内部的观点将被定位在较小的范围内，从而损害观点必要多样性的弹性空间，导致组织对环境变迁的适应性降低。

（2）变革的外部动因。

企业之所以产生变革的需要，根本目的是维持组织的生存和发展。而正是环境变化使得企业原有的策略和行为模式不能适应环境需要，才出现了生存危机，因此不断变化的环境是企业组织变革的外部动因。事实上，企业与环境的影响是双向的，企业的行动通过互动推动了环境的变化，而环境的变化又将对企业组织的策略产生影响，是一种循环反馈的过程。环境变化被组织成员认知，破坏了企业的原有边界，企业的惯性被改变了；组织惯性的改变影响到企业的功能，干扰企业内部秩序的统一性，使得企业必须在非均衡态中进行分化整合，重构企业边界、企业与环境的关系以及企业结构。这一过程不断重复，直到企业的复杂性重新适应环境的复杂性。

在与环境的互动中企业采取变化的可能性与环境资源的充裕性和可得性密切相关。当环境资源较为充裕时，企业组织不必为了资源不足而竞争，则企业组织易于提高其复杂性，对环境变化的感知力将更强和更为敏感；而当环境资源不够充裕时，企业之间需要为了资源而进行强烈的竞争，企业则难以对环境变化做出充分的反应，此时企业的复杂性较小，企业生存的空间较小，将有可能陷入失败和瓦解的境地，或者企业组织间产生协同合作效应，则兼并发生的可能性较高。在这一过程中，环境变化或者导致企业组织分裂或者促使企业组织合并。

环境变化引发企业组织变革的过程可以表述成一个渐变到突变的过程。当环境开始变化时，企业组织对环境变化缺乏敏感性，在原有主导逻辑下，企业组织通常采取对先前行为的重复；而当企业对环境变迁有所感知，但仍旧对复杂性缺乏认知时，企业将在原有的主导逻辑下，以提高经营效率为目的，进行小幅度的行为改变；随后，企业组织对环境变化的复杂性开始有所认知，企业组织将开始在其所认知到的环境变迁的基础上尝试一些行为改变。这种行为改变的结果是使企业组织发展出新的行为空间。这是一种渐进式的变革过程。当然，同样存在这样一种情况，即企业组织意识到了环境的变化及其复杂性，然而企业目前的适应行为无法与变化了的环境相匹配，企业处于原有行为模式失去有效性而新的行为模式尚未产生阶段，此时的变革需求是剧烈的，企业组织必须采取激进式变革，且变革的结果是无法预测的，企业处于混沌边缘中的复杂状态，如果企业组织能够跨越所谓的“混沌”边界，从这种混沌状态中生成新的秩序，变革将产生全新的主导逻辑，此时，激进式变革完成。

由于主导逻辑和组织惯性的存在，在企业组织内进行变革必然遇到巨大的阻力，因此，企业组织对变革行为和程度的选择是依据“变革的经济性”进行的。具体到变革实施过程的行为选择可以表述为：如果企业组织的集体认知感觉到只需进行较为简单的、范围较小、破坏程度较低的变革就可以达到目的，那么复杂的、涉及范围较大、破坏程度较高的变革方案将不会被通过。这种“变革经济性”实际上也是人的有限理性的一种表现，而在变革经济性指导下的企业组织则有可能因此而陷入僵化。一方面，人的认知能力是存在局限的，即使环境变化的程度较为激烈，需要实施破坏程度较高的变革方案，企业组织的集体认知仍旧有可能是相反的。这是因为并非所有环境中的可能变化情况都能够出现在企业组织当中，企业很可能仅使少数环境变化渗入组织中，成为能够为企业成员所认知的“有意义”的变化。企业组织仅对被认定为有意义的变化进行适应。此外，由于企业的主导逻辑差异，即使相同的环境变化也将对不同的企业产生完全不同的认知意义。通常，企业对环境变化程度高、破坏幅度大的情况更易于认知，而对破坏幅度较小的情况则较易于忽略。另一方面，即使不考虑集体认知，选择温和变革方案的倾向仍然是存在的。这种僵化的结果阻碍了企业组织的变革弹性，将有可能使企业陷入衰亡和退出的形势当中。

3.3 企业组织的演化过程

3.3.1 组织变革诱导企业演化的过程

企业演化是企业组织在面临不确定性的环境下采取的适应性行为导致的一系列过程。企业的演化过程体现了人的有限理性和有限能动，可以理解为企业家凭借其认知优势协调企业内外部资源从事学习，引发变革，实现动态适应环境这一目的的过程。企业演化的本质是企业知识存量的调整。由环境变化引发的，企业组织内部成员的集体认知以及企业内部的团队互动共同作用下的企业组织的演化过程，首先在企业内部出现了一个渐变的准备阶段，而当形成了变革方案，采取组织内部的变革之后，才真正引发了企业组织质变的演化阶段。上文分析中，这是一个基于企业成员的有限理性的复杂过程，下面对这个复杂过程的具体阶段进行描述，如图 3－5 所示。

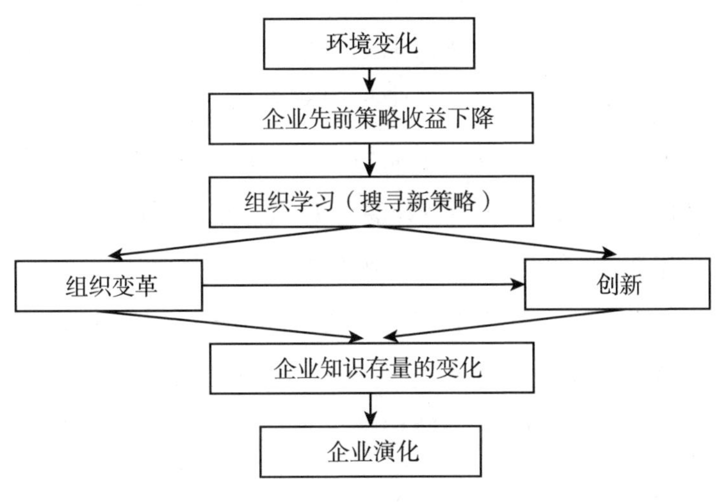

图 3－5　企业演化的过程

（1）环境变化导致企业组织原有策略收益下降。

企业组织的变革是企业在面临环境变化时的因应改变。因此，环境变化是企业演化的开端。环境变化的剧烈程度和频率对企业成员的认知具有不同的影响。当环境的变化是激进和间断发生的时候，环境的不确定性程度较高；而当环境的变化是渐进和连续发生的时候，环境的不确定性程度较低。不确定性程度较高的环境将引起企业组织原先策略的收益率出现大幅的降低，这样的环境变化更易于引起企业组织高层管理者的重视。收益率降低使企业认识到改变的必要，但企业仍然需要时间和资源去辨认应该进行何种类型的相应改变。此时，企业将启动组织学习过程。

（2）企业组织的学习过程。

企业的组织学习实际上是一个不间断的过程，环境的剧烈变化通常都会被企业成员感知。然而，由于成员个体知识结构的差异，即便是相同的变化也会引起完全不同的感知和反应。许多重要的变化也许程度较低，循序渐进，则不易于为成员感知。而部分成员的个体感知，有可能因为没有达到关键数量而无法进入到讨论交流从而形成集体认知的环节以及启动组织学习的程度。收益率的降低则是一个十分清晰化的指标，通常会引起多数企业成员的注意，从而易于启动组织学习的过程。企业启动了组织学习的过程，开始在邻近区域进行搜寻，以获得新的信息和知识，重新塑造企业战略。

（3）组织学习的结果诱发组织变革。

企业组织在学习过程中将获得关于环境变化的具体认知，这种认知无疑融入了企业成员的主观判断。同时，在邻近搜寻过程中，企业组织也获得了与原来领域接近的新的信息和知识，不同的团队在此基础上形成了不同的变革方案。尽管团队之间是基于基本相同的信息和知识形成变革方案的，但是由于团队各自的利益诉求存在着差异，尽管处于同一个企业当中，这种差异仍然可能是巨大的。因此需要在团队之间的交流互动中形成一个最终的变革方案，启动变革进程。

（4）组织变革导致创新和企业知识存量的改变。

变革开始实施后，带来一种由上而下的整体改变。变革的过程通常是直接对企业组织内部的制度进行改变，包含的变革层面也是比较全面的。尽管变革的手段常常不涉及技术层面，然而变化了的制度一般需要配套的技术与之配合。同时，组织学习过程积累了大量的新知识和新信息，这也为创新的发生提供了知识基础，而创新的结果同样改变了知识的存量，变革后的企业组织进入了一种新的状态。

（5）知识存量的改变导致主导逻辑的更新。

企业组织的变革、组织学习过程以及在这两个过程的复杂作用下所导致的创新改变了企业组织的知识存量。知识存量的调整同样是一个较为漫长的过程，然而，当关于企业组织发展的成功历史经验和主导逻辑的相关知识发生改变时，对主导逻辑的质疑就持续存在，并将被逐渐放大。当质疑的程度随着知识调整过程的深入进行而到达一个临界点时，由企业发展的历史效应和路径依赖特性所确立的主导逻辑将被改变，主导逻辑更新成为更加适合环境变化的新的共同认知结构。经历了上述步骤，企业演化的一个过程完成了。

3.3.2　产业演化过程中的企业演化特征

就产业中的单一个体企业组织而言，由组织变革引发的演化过程大体上呈现出上文所分析的特征。然而，将企业的演化过程放置到产业演化的大环境下，在产业演化的各个生命周期阶段，企业的演化行为和效果将表现出不同的特征。产业的演化存在一个技术空间边界，可以利用产业的技术状态与技术空间边界的距离来划分产业处于生命周期的哪一个阶段。当产业的整体技术状态远离技术空间的边界时，产业处于萌芽阶段；当产业的整体技术状态近了一步，但仍旧距离技术空间边界较远时，产业处于发展期；当产业的整体技术状态接近技术空间边界时，产业处于成熟期。

（1）产业萌芽期的企业演化特征。

当产业处于萌芽期时，产业的整体技术状态远离技术空间边界，表明企业组织的技术发展存在巨大的空间。处于萌芽期的产业，企业成员的数量较少，企业都是新进入者，对产业的环境并不足够了解。由于企业与产业同处于创立阶段，企业所掌握的产业相关信息和知识存量较小，尽管产业内的技术发展潜力很大，企业组织的创新能力仍然十分匮乏。与此同时，产业当中可用于创新的知识存量也很少，企业组织即使进行大范围搜寻，也难以获得能够模仿的对象，因此，企业组织表现出较低的模仿能力。企业内部的组织学习方式是较为简单和低创新性的。

然而，处于萌芽期的产业环境表现出来的不确定性较高，企业与产业中其他企业的互动通常采取邻近搜寻的原则。企业间的互动强烈地受到企业的社会关系网络影响，通常只与邻近的企业进行交流。在这一时期，产业演化方向具有多重性，产业内部的知识和发展模式缺乏统一性，不存在一个获得广泛认可的标准。因此，产业知识不存在高度编码化的空间，企业和产业内的知识多数是默会知识，企业组织的学习也以隐性学习为主。企业内部的专用知识增长速度更高，产业的多样性增强。与此相对应的是，由于企业在产业的萌芽期表现出较低的创新能力和模仿能力，企业和产业的低知识存量也并未为创新提供良好的基础，企业和产业在这一阶段的知识变化速度较低。此时的产业环境具有高风险性，企业的无知程度较高，能动适应能力较弱，产业环境对企业组织优胜劣汰的选择能力很强。

（2）产业发展期的企业演化特征。

进入产业发展期后，产业的整体技术状态获得了长足的进步，开始逐步向技术空间边界靠近。与萌芽期相同的是，产业的技术状态距离技术空间边界仍旧较大，这意味着企业组织具有较大的创新空间；与萌芽期不同的是，经过一段时间的积累，产业和企业的知识存量在不断提高，企业组织的专用知识存量增大了，企业的创新能力也得到了增强。同时，企业整体技术水平的上升，为模仿对象的出现奠定了基础，企业的模仿能力同样得到提升。在此基础上，企业进行创新行为的数量和程度都有所增加，产业的技术水平提升较快。

此时的产业环境变化幅度较大，产业中的技术创新呈现出多样性。产业发展方向尚未确定，主导技术也没有确立。企业的技术创新活动更多地取决于新技术本身的特点。当技术的复杂程度较高，技术的演化和发展不是单一企业能够支撑的时候，企业组织将采取同其他企业合作的方式，共同开发新技术。当技术的复杂程度较低，企业内部资源和知识能够支持新技术的生产时，企业通常会选择内部生产的方式。在产业的发展期，企业内部的专用知识和通用知识将获得较高速度的增长，同时由于自主创新多于模仿创新，专用知识的增长将更加迅速。企业间的差异性由于创新方向的差异而逐渐增大，产业的多样性获得了极大的丰富。产业环境在发展期的选择力量相较于萌芽期显得薄弱，这是源于此阶段表现出的活跃的创新活动，使得企业间的竞争模式主要是异质性产品竞争。而较为薄弱的环境选择力量将为企业组织的自主创新创造一个相对宽松的环境。

此时的隐性知识充斥整个企业和产业环境，企业组织的隐性学习更为频繁，企业和产业的知识存量增加较快。

（3）产业成熟期的企业演化特征。

产业成熟期的技术状态已经非常接近于产业技术空间边界。虽然经过萌芽期的积累和发展期的提高，企业组织的创新能力和模仿能力都有较快的增长，然而企业的创新空间逐渐缩小，只有相对更强的企业仍然拥有进一步创新的可能。与产业发展期截然不同的是，大多数企业不再采取自主创新的方式，而是采取对创新企业的模仿。同时，经过发展期的竞争，具有优势的技术创新逐渐占据产业中的优势位置，主导技术渐趋形成，其他技术或因技术水平相对薄弱或因未能获得关键多数而逐渐退出市场。

与此相对应的是，产业中的主导企业也将出现。企业将因技术位置选择相应的存在方式。此时，随着技术的标准化进程，产业内知识的通用程度提高，许多隐性知识逐步编码化成为显性知识。创新一旦产生，便会以较高的速度在整个产业扩散开来，创新独享性的缩短导致企业创新的利益空间逐渐缩小，使得产业内自主创新的激励度逐渐降低。原本倾向于通过创新方式提高利润空间的企业组织也会转向模仿、提高经营效率以及扩大经营规模。产业内模仿行为的泛滥，使企业之间的异质性程度逐渐降低，产业对企业组织的选择力量再一次增强。

第4章

产业演化的自组织动力：企业间互动

4.1 微观互动网络与系统秩序生成

4.1.1 主体互动与秩序生成

耗散结构的复杂系统理论认为，系统内部各种要素的非线性互动是推动系统从无序向有序发展的内部动力，是形成耗散结构的必要条件。非线性互动能使系统各个要素之间产生系统和相干作用，使系统由混乱无序走向有序。因此，宏观层级的演进是微观个体非线性互动后秩序生成的结果。系统是不断发生动态演变的。随着时间的变化，系统的结构、特征和行为将会不断地发生改变。

系统具有开放性、非平衡性、非线性和随机涨落等特征。系统的开放性决定了系统必然与外界环境进行互动和交流，而这种互动和交流不仅包括资源的相互流动，同时也包含信息和知识的互通有无。交流的基础在于系统与环境之间的非平衡，如果系统与环境处在动态平衡状态，则系统与环境之间就没有了互动的基础，状态变量将不随时间而发生变化。开放性与非平衡性决定了系统总是处于和环境的交流互动中的。系统的交流互动一方面指与环境中物质互换，另一方面也是系统秩序生成的根本动力，是与同一层级的其他系统之间的互动。在产业系统的发展和演化中，企业是产业的子系统，企业系统与其他企业之间的互动结果，生成了产业系统的演化秩序。

宏观层级系统的秩序是如何由微观层级子系统之间的互动生成的呢？如图4－1所示，宏观系统内各个子系统以及各个状态变量之间的相互作用机制是非线性的。即当状态变量数值不断增加时，系统状态却无法由这些增加值的线性累加决定，变化的过程和结果是复杂的，有可能产生多个状态。子系统之间的互动和交流不满足叠加原理，是非线性的。正是由于子系统非线性相互作用的存在，系统才能够生成有序结构并产生复杂性。因此，除了外部环境对系统造成的随机扰动之外，子系统之间复杂的相互作用是造成系统状态不断发生改变的根本原因。系统状态的改变是持续的，当这种改变不影响系统整体的稳定，而仅仅表现为系统内部的一种起伏时，其对系统演化的作用仅止于对系统原有状态的改变。而当改变程度较高，摧毁了系统的原有结构，则将在系统层面生成一种新秩序，这种秩序就是系统演化由量变到质变的结果。

在子系统相互的复杂作用中，通常会形成一种较为稳定的网络结构。这种网络结构规定了子系统在相互作用中的方式和关系，以及子系统之间的资源流动。子系统间结成的网络具有一定的价值并随时间发生改变。具体表现为网络节点之间的关系将随着子系统间的相互作用所获取的经验而发生动态改变；子系统间相互作用所形成的价值分布特征及分布本身都将随时间而逐渐发生改变。

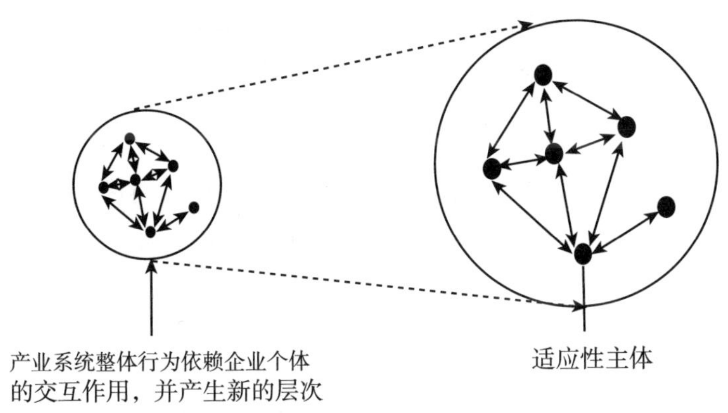

图 4－1　系统内个体互动与系统层面秩序生成

4.1.2　网络的复杂性

宏观系统中的子系统之间的非线性互动，将产生出超越各个子系统单独运作的效果。例如企业内部的销售、运营、投资以及管理部门的协同运作，可以提高投入要素、业务单元与环境条件的配置效率，实现报酬递增。对于产业系统而言，企业成员之间的非线性互动表现出同样的倾向。产业内的企业系统具有异质性，这使产业系统表现出多样性。具有不同特征的企业之间复杂的交互作用（如企业成员间的竞争和合作），使企业间网络表现出复杂性，即个体的相对独立性与系统层面的协调性。

企业间网络的形成将有助于企业间互动的进行，然而能否使企业间的非线性互动在宏观层面上生发出一种有序结构，则取决于网络本身。企业间网络中的成员关系是互为导向的，在企业成员之间存在着多种相互独立的互动过程（如交易和适应等过程），这使得产业内的企业间网络构成了复杂的动态互动关系。企业之间互为导向的关系是指企业成员对与它相连的其他成员是了解的，在双方的交易过程中可以建立某种关系。通常在交易的过程中，双方的互动将表现出正向诱导和亲密关系的特征。交易双方的异质性以及交易的复杂性则是维持双方互动关系的动力。由于生成目的的差别，企业间网络中表现出来的关系与市场关系或企业组织内部的关系存在根本的不同，市场关系的目的是获取利润，企业内部关系的目的是完成企业目标，而网络关系的目的则是为了更好地实现互动。网络关系内部的企业之间是互动合作和协同演化的，网络本身的价值并不在于直接地降低生产成本和提高产出效率，而是利用各个企业自身的知识和技术优势，与其他企业结成技术联合，发挥异质技术、信息、管理经验的互补和乘数效应。网络存在的基础是企业之间的相互联结，而在这种联结基础上的持续互动也强化了这种联结以及联结中表现出来的企业之间的关系，并使网络本身得到了加强。

企业间网络通过企业的非线性互动实现了系统层面的复杂作用，而网络本身也促进了企业间的非线性互动。然而，正如上文所说，网络与企业间非线性互动之间的这种双向反馈正向加强的关系将使整个系统固定在这种关系上，使产业系统和企业子系统的协同演化受到这种关系的制约，这也就解释了产业演化与企业演化所具有的某种惯性。

4.2 企业间网络的形成、分类及演化

4.2.1 企业间网络的形成

与其他企业的非线性互动是企业与产业知识创新和知识扩散的重要途径。而企业间的非线性互动通常是通过存在于企业间的网络

结构进行的。因此，企业和产业的知识创新和扩散是内嵌于企业间的网络结构中的。网络结构对于知识的创新和扩散具有重要的影响。一般来说，企业间的互动频率越高，则企业间的知识扩散速度就越快。企业间网络是指企业间的关系联结，企业间网络的形成与环境的变迁存在紧密的联系，社会环境和技术环境的不断改变使得产业系统内部的子系统——企业，趋向于结成相对松散而又复杂关联的企业间互动网络。这一方面是因为存在网络的外部性和标准化特性，另一方面也是由于企业边界模糊化，企业间的网络关系能够很好地协调传统企业和市场之间的交易。

由于环境的不确定性，为了规避风险，更好地生存和发展，企业倾向于更多地依赖产业中的其他企业。由于现代产业技术水平的复杂化和系统化，新技术的生产和发展需要大量的互补性技术作为基础，这也加强了企业之间的知识依赖程度，企业通常必须建立各种类型的网络关系才能削弱这种不确定性。企业的生存与发展不再局限于自身的知识和技能，企业的日常运营也需要与其他企业联合行动。由于技术发展和创新的幅度和速度不断加大，企业更加倾向于发展某一种技能、技术和能力的特定组合，劳动分工的优势在这里又一次得到了完美的体现。

关于产业系统内部的企业间互动网络的生成条件，大多数研究认为，企业间网络的形成首先是由于地理上的聚集。一些在产品生产上具有一定关联的企业在相近的地理区域内聚集，形成了最早的企业间网络。地理聚集的企业间网络在节约交易费用、扩大知识外溢程度等方面都具有巨大的作用。另外还有研究指出，随着信息技术的迅速发展，许多在地理上并不相邻的企业也可以通过发达的互联网进行连接，形成企业间的虚拟网络。与地理聚集的企业间互动网络不同，虚拟网络中的企业成员间构成了一种跨越空间的动态网络结构。由于信息技术的应用，虚拟网络的特点是网络内部的信息流动较为流畅，企业成员对环境变化具有更高的适应性，企业成员的学习能力和创新成果也都要比其他网络中的成员更为优秀。

然而无论企业间网络是怎样生成的，它们都具有一个相同的特点，即企业成员共享网络中的技术专长。实际上，企业间网络的生成是为了达到一个共同的目的，即提高企业在不断变化的环境中的适应能力。具有一定关联性的企业通过复杂的动态交流形成了网络，而网络本身也是一种建立在企业成员的知识、能力以及偏好特征分布基础上的治理结构。企业间网络能够推动网络内成员间的互动合作，使信息在网络中的传播更为流畅。网络除了促进企业成员间的联合之外，也形成了一种属于网络自身的价值，这使网络为更高层级的系统演化提供了支持。

4.2.2 企业间互动网络的划分

与产业系统本身的特性和环境的特征相关，企业间互动网络存在多种表现形式。按照生产产品的价值链关系，可以划分为横向网络和纵向网络。由价值链当中生产相似产品的企业间网络称为横向网络，由价值链当中的上下游企业形成的网络是纵向网络。按照网络中企业间关系的紧密程度，可以划分为强关系网络和弱关系网络。如果网络中企业成员之间的合作关系十分紧密，网络外部的成员很难融入网络之中，且网络内部成员与外界信息和物质交流较少，则为强关系网络；而网络中企业成员之间的合作关系并不紧密，网络外部成员可以轻易地进入网络，网络内部与外界之间交流较多，则为弱关系网络。强关系网络中通常存在一个核心企业，而弱关系网络中的企业成员的实力则通常相差不大。

按照网络内部企业成员间随机联结的概率可以划分为三种网络结构：有规律的网络结构、小世界的网络结构和随机网络结构。在有规律的网络结构中，企业成员的随机联结概率为 0；在小世界网络结构中，随机联结的概率很小；在随机的网络结构中，联结则是完全随机的。在有规律的网络结构中，网络中的企业成员只与邻近的企业之间建立联结，而这种联结的方式和关系也是固定的。企业只与共同形成固定联结的其他企业进行知识和信息的交流，固定联结的成员之间具有十分紧密的联系。这种网络关系具有较高的壁垒，是一种强关系网络形式。存在固定联结的企业之间，更容易出现较为紧密的合作创新，提高了整个产业系统的创新潜力。但是由于企业间固定和紧密的联结，创新的扩散速度很低。因此，尽管产业内充斥着大量的创新成果，成果扩散的速度却极为缓慢。创新成果多样并存，产业系统的多样性得到丰富。在有规则的网络结构中，企业与其他成员间的互动是一种局部性互动，企业只和网络内部的成员进行交流，而较少与外界的其他企业接触。企业间的学习方式多为隐性学习。

与有规则网络相反的是，随机网络结构中所有企业成员的联结都是随机的。同时，企业子系统之间的互动也是完全随机的。在不同的时间点上，企业成员将会与不同的企业进行互动。正是由于企业间互动的随机性，企业之间并不熟悉，难以建立稳定的关系，产业系统内部并不存在类似于有规则的网络中固定的企业集团，这种完全随机的联结方式使产业内部的知识扩散速度极高。而高扩散速度则降低了产业内部对企业自主创新的激励程度，因此随机网络的知识创新能力较低。

小世界网络结构是指企业成员之间以较低的概率和其他企业联结，而其中少数几个节点的联结是固定的。这种网络结构由于大部分企业之间的联结较为随机，因此可以保障较高的创新扩散速度；而部分节点的固定联结也可以在一定程度上为企业的自主创新提供激励。因此，产业系统内部既有持续创新的企业存在，又能够保证这些创新成果以较高的速度在产业系统内扩散，成为整个产业的共同知识。因此，小世界网络结构是一种较为理想的企业间互动网络结构。

4.2.3 企业间互动网络的演化

企业间网络具备的复杂性使网络本身也具有演化的特征。企业间网络的形成以及演化取决于企业成员对这种网络的认知。企业将依据其对网络的认知，决定建立某种方式的联结。而这种联结将向何种方向演化也取决于其为企业带来的收益。在联结建立的初期，企业通常依据历史经验和技术特征对网络联结伙伴进行选择，形成特定的联结关系。

联结建立之后，在信息和知识互动的过程中，企业将会自发地对互动的收益进行评价。如果这种网络关系为企业带来了满意的收益水平，那么企业通常会强化这种网络关系。如果企业对收益水平不满意，则有可能打破联结，寻求建立另外的网络关系。因此，企业间网络的建立和演化实际上充满了建立和推翻联结的行为。在网络演化的过程中，企业组织的学习行为也得到了充分的体现。当网络为企业带来的收益达到一种较为满意的状态时，产业内的网络关系将会维持；随着企业自身的演化和环境的不确定变化，以及产业系统内部企业子系统的增减，网络关系的稳定状态将会被打破。

产业系统内部的企业数量的增减与产业处于演化的何种生命周期阶段密切相关。因此，网络的演化也体现出了产业的生命周期特征。在产业的萌芽期，企业组织多采用自主创新，知识编码化程度较低。在这种情况下，企业倾向于和原本属于同一社会关系网络中的企业，或是地理位置上处于邻近的企业建立联结。这种联结也常常表现出某种稳定性。企业通常选择结成稳定的有规则的网络结构，这种联结为萌芽期企业创造了很高的创新潜力。然而，随着企业间交流的增多，固定联结的企业间网络利益互补逐渐降低，这种联结带来的收益不再令企业满意，企业开始寻找新的合作伙伴，产业进入发展期。企业放弃了固定联结方式开始更为随机地与其他企业建立联结。这种互动方式更类似于小世界的网络结构。创新能力和扩散能力同时提高，产业获得了高速的发展。隐性知识不再是产业知识的主流，大部分知识已经编码化，此时，自主创新激励已经很小，大部分企业通过与产业内其他企业的频繁互动，能够迅速地吸收其他企业的创新成果，因此在产业的成熟期，企业将放弃小世界的网络结构，采取完全随机的方式与其他企业互动。

同时，企业间网络的演化也受到产业环境的影响。环境变化的激烈程度和不确定性将影响企业间网络的形式。如果环境变化是较为激烈和不确定性较高的，企业通常会选择与其他企业保持固定的联结，以共同对抗环境的不确定性。如果情况相反，企业则倾向于随机与其他企业相联结，以获得更多的创新成果，形成满意的协同效应。

4.3 企业间网络与产业系统的知识动态

4.3.1　知识的互补性与企业间网络的相互反馈

企业间网络对于产业演化推动作用的根源在于持续地提高产业系统内知识的复杂性和多样性。知识的复杂性和多样性通过产品和技术的复杂性和多样性表现出来。随着产品和技术的日趋复杂，仅凭企业组织个体无法完全支撑整个产品及技术的生产和研发，这就成为企业之间的相互合作的基础。在企业间网络中，生产的专业化与分工协作同时存在，并行发展。网络与知识发展的轨迹是相互反馈、交互作用的。如果产业系统中的知识创新和扩散表现出的自发性和灵活性，致使企业组织能够生产专业化的特定知识，企业间的依存度和协调性就随之不断的提高。而各个企业的异质性知识使得企业间网络表现出高效率、高适应性以及高创新性。网络中企业组织个体之间的非线性相互作用也可以表述为知识的互动。知识的互补性和演化是企业间网络形成和演化的基础，同时知识与企业间网络存在正向的相互反馈机制。产业系统的演化过程中，知识结构的改变和知识创新的扩散，一部分是来源于企业组织内部的学习过程，另一部分来自网络中企业之间的交流行为。知识是企业组织生产和演化过程中的主要资源，企业成员个体的隐性知识在生产过程中被有效利用，并在产业系统层面迅速扩散是企业演化的核心机制。企业组织是由各具不同隐性知识的成员个体聚集而成，成员的隐性知识通过企业内部的网络流动。由于企业成员的隐性知识是潜意识的理解和运用，通常来源于经验，难以编码化，隐性知识在成员个体之间的传递要受到成员吸收能力的影响。

同时，隐藏于组织成员个体的分散的多样化知识，需要通过个体之间复杂的相互作用生成为企业特有的、具有独特目的的集成知识。在这里，成员个体之间的隐性知识表现出一种互补性。知识互补性的基础是个体之间具有一定程度的近似知识集合，同时又必须存在差异。如果个体所拥有的知识之间完全没有交集，则个体之间就不存在交流的基础，而如果个体所拥有的知识是完全相同的，则个体之间就没有交流的必要。企业是一种组织框架，企业组织内部的个体为了生产的目的进行知识集成。而在企业间网络内部，知识的流动过程表现为企业个体之间的知识集成过程。在这一过程中，企业成员个体通过非线性的相互作用，进行隐性知识的交流。在交流的过程中，将产生一些不同于个体原有知识的新知识，并在新知识的协同作用下产生创新。这样，生产的过程可以解释为拥有不同类型知识的个体之间的知识协调过程。正是知识存在的互补性，构成了企业间网络形成的基础，而企业间网络的存在也促进了互补性知识的交流，并在此基础上产生新知识，形成创新成果，为产业系统的演化带来创新动力。

4.3.2　企业间网络对产业系统多样性的促进

企业间网络与知识的相互反馈作用促进了系统多样性。网络间的学习模式与企业组织内部的学习模式在促进知识结构的形成和演化上，存在着根本的不同。企业组织具有明确的目标，其知识的获取和演化过程强烈地受到企业主导逻辑的影响，同时将会形成一种预定的知识结构框架。学习的过程促使框架内的知识增加，而忽略或放弃框架外的知识，从而使整个企业组织的知识高度一体化。这种高度一体化的知识框架规定了创新以及创新扩散的速度、方向和维度。

企业间网络是具有复杂性的。企业间网络中的成员都具备学习的能力，然而这种学习能力却是千差万别的。这些具有差别性的学习个体在交互作用中产生了完全不同于个体汇总的知识结构。这种知识结构不能依据还原论的观点分解为个体知识的简单加和。企业间网络所集成的知识，是在受到环境变化影响下集总层次上的新知识，企业间网络形成的新知识同时也要与环境发生互动。

企业受到自身知识结构限制，只能对认知结构支持的环境变化进行认知。而这种认知和阐释还要受到知识结构的影响，未必能够真实反映环境变化的情况或只能反映其中的部分。而网络中的其他企业成员由于具有不同的知识结构，可能对该企业所忽视或无法认知的环境变化情况十分重视，并依据自身的知识结构对其进行阐释。环境变化的激烈程度提高不确定性增强，促使企业去寻找能够与其构成互补的其他企业，并结成网络关系，以提高自身对环境变化的适应能力。

在结成网络以提高环境适应能力的过程中，企业之间必然互相吸收对方的特定知识。在这种知识交流的过程中，必然存在能够相互交流的基础，即具有交集的知识结构；同时也必然存在交流的必要，即交流双方的知识差距是能够吸引对方的。企业通过双方互动获取新知识，必须存在这种恰切的知识差距。企业组织内部的知识差距在同一个认知结构和生存目标的引导下已经完全消除，而太过相似的企业之间也不存在足够的知识差距，这使知识的创新能力降低甚至消失。而构成网络的基础就是这种知识差距，即知识互补性。因此，企业间网络能够促使产业系统多样性进一步丰富。

第5章

产业演化的一般过程及阶段特征

5.1 产业演化过程

5.1.1 生物进化机制在产业演化中的对应

达尔文在他的生物进化理论代表作《物种起源》中提出，物种进化的自然选择过程出于两大机制的作用，即选择机制和复制机制。优秀的能够适应环境的物种被环境选择，并以基因的形式将变化记录下来，在下一代的身上复制下去。变异和遗传的观点并非只适用于生物物种，社会进化理论的研究人员很早就注意到达尔文生物进化思想在社会经济研究中也同样适用。

然而后来的研究者认为，达尔文忽视了另一种重要的因素，即物种在原有状态下产生的变异。而这一点则被引用达尔文理论的社会进化论学者所重视，他们指出，达尔文之所以忽略了变异机制的重要作用，是因为生物物种的变异并没有任何主体的参与，也就是说，任何主体都不能也没有对变异的过程进行任何干预，在生物变异面前，主体是无能为力的。而对于社会进化的人类组织而言，尽管人的作用不能决定演化的最终结果，但却在演化过程中起到了一定的作用。因为有了人的能动作用，人类组织的进化不会也无法排除人在演化过程中的干预，因此，变异机制在社会进化理论中更加重要。总结起来，在社会进化论中就存在三大演化机制：选择、变异和复制。

（1）选择机制。

选择机制在现代演化经济学当中被赋予了新的含义。选择一词的本来含义是指根据偏好和标准从一个要素的集合中选择一个子集。而在达尔文的进化生物理论当中，选择则不再是从大的集合当中选择子集，而是在遗传的作用下复制某个集合，以保持两个集合的连续性。生物种群的物种连续性是通过遗传保证的，遗传选择的子集并不是一种机械的单向复制，而是允许变化的存在。选择是存在变化的选择。达尔文的选择概念在生物进化论当中所对应的是适者生存的思想。这种选择模式在社会进化理论中也得到了广泛的应用，例如对于无意识学习的定义以及对企业演化的自然选择模式的定义等。当生物物种的某种特征无法达到环境的要求时，这种特征将被环境所消除；从人类的角度来看，如果某种行为能够获得高的收益，那么这种行为将被重复，如果相反，则这种行为将不会出现在以后的选择中。这种简单的趋利避害表达了环境选择的真实含义。选择过程在个体层面上的作用最终将上升成为群体层面的结果。例如在某一物种当中，物种的基因将会把它们的特征传递给后代。尽管在物种繁衍的过程中存在着某种遗传的失败，例如这种传递将在某个个体身上停滞，然而在群体层面被选择的仍然是基因频数的稳定结构。

将选择机制对应到产业演化过程当中，也就是作为个体层面的企业和作为群体层面的产业被环境选择的过程。与物种个体相对应的是产业中的企业组织个体，与物种群体对应的是产业系统。尽管在演化经济学当中，“惯例”作为基因的对应物已经获得了认同，然而对比来看，知识由于其具有变化的灵活性和记录功能，更为适宜于作为基因的对应物。在此基础上，产业演化过程中的选择机制可以表述为：环境对企业组织个体知识创新的选择，适应环境的创新留在企业当中，并在产业群体层面发展成为群体的共同知识被逐渐编码化成为显性知识而保留下来。

（2）变异机制。

达尔文的进化生物理论没有对变异产生的机制进行详细的解释。社会进化理论则探讨了变异产生的根源，为什么会产生变异？社会进化理论认为企业组织的变异来源于两个方面：一是不确定的环境；二是主动的创新。这实际上是一个连续不间断的过程。首先是环境出现了不确定的改变。当环境出现了无法预知的变化时，在原有的主导逻辑下，企业主体缺乏与环境变化相关的信息和知识，使其对环境的合理认知变得困难。依据先前的行为模式显然不能被环境所选择，所以导致企业主体行为模式的变化。

当不确定环境带来大量变化时，由于相关信息的缺乏，企业组织开始启动一个学习的过程，搜寻与环境变化相匹配的信息，在企业内部形成应对方案，进行变革。变革带来企业组织行为方式的改变，产生创新。然而由于主导逻辑和思维模式的差别，企业形成的变革方案中对环境变化的反应也各不相同。变革后的行为与环境适应度高的企业获得了更高的收益，这将强化变革方案的执行，强化创新。这种成功被其他企业观察到，变革方案将不可避免地被效仿，采用类似变革方案的企业同样取得了成功。这就是变异即创新的扩散过程。变异产生的根源是环境变化的影响和主体的适应性反应，在这两种影响因素之间也存在着主次关系，表现为外生的变化带来了内生的相应改变。环境变化的内容是多方面的，例如社会环境、制度变革、政策改变等。而大多数的环境改变是不可控制的，因此，作为适应主体的企业组织只能因变而变。

(3) 复制机制。

复制机制对于经济系统演化的作用是至为关键的，在环境变化的情况下由主体适应行为产生的变异被保留下来，是演化阶段性完成的象征。复制是指复制者与被复制者在某些方面具有相似性，被复制者的某些特性包含在复制者的生产过程中。在产业演化的过程中，复制则表示为知识创新从一个团队复制到另一个团队或者从一个企业复制到另一个企业的现象。

复制的对象一方面来自环境变化所选择的变异；另一方面来自于企业组织对成功企业的模仿过程中形成的新的变异。由于行为模仿在不同的主体之间进行，复制者与被复制者就被清楚地划分出来。在知识复制的过程中，主体行为存在一定的动机同时也受到不确定环境的约束。知识的复制需要企业组织作为载体，而企业组织的行为也需要依赖环境，因此知识的复制受到环境激励。

5.1.2 产业演化具体过程分析

系统演化的动因包括外部和内部两个方面。产业系统的演化动因同样包括两个方面：第一，环境变化的诱导；第二，企业组织的能动适应。而这两大动因又通过三大机制进行作用，即选择机制、变异机制和复制机制。

如图 5 -1 所示，概括来说，产业演化的过程可以表述为：产业系统在面对不确定变化的环境时，产业系统内的组成个体企业系统为获得持续生存和发展所采取的适应性改变行为以及企业之间的互动行为，并在选择、变异和复制三大机制下，涌现至产业系统层面，使其呈现出的具有生命周期的演化特征的过程。

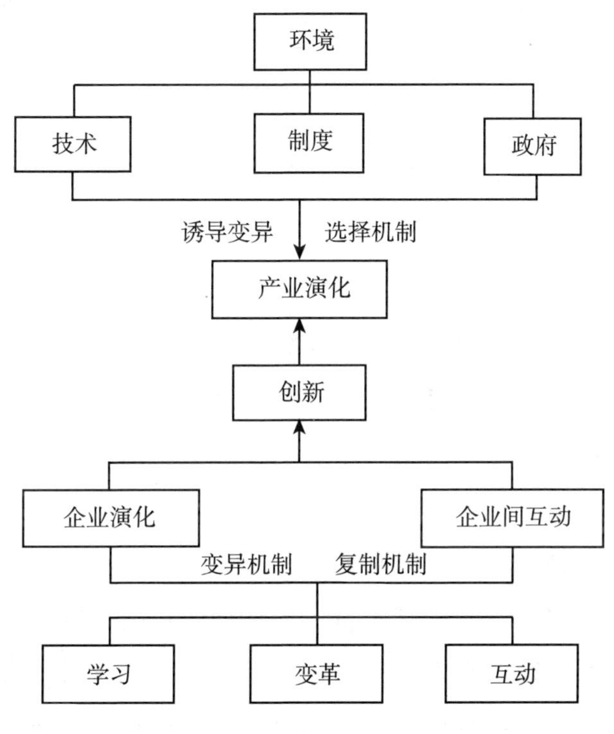

图 5－1　产业演化过程

（1）环境。

第一，环境的不确定性所带来的诱导作用。环境的变化是外生的，尽管从大系统的角度来看，环境系统同样也是由与产业系统相似的子系统构成的。从系统自组织演化的观点推理，环境系统的演化也可以归结为子系统之间协同演化的结果。环境的不确定变化，打破了产业与环境在某一时点上的动态平衡，使得产业对环境的适应程度降低。而作为这种不适应状况的直接感受者，企业组织将率先感受到生存危机，从而采取与环境变化相应的变革措施。而企业组织的变化将产生的知识创新等产业系统内部的变异正是由环境变化这一诱因导致的，环境对产业系统演化的诱导作用即体现于此。

第二，环境的选择作用。环境是一个主体意识无法直接参与的变化过程，环境的选择也并不存在一个主体，这种选择体现出一种具有普遍性的规律。当产业系统、企业个体的行为模式能够与环境状态相契合，则这种相互适应的结果将在产业和企业的收益中体现出来。当企业组织获得了一个满意的收益，这将意味着企业的行为模式契合了环境变化的规律，这种行为模式就称作“被环境所选择”。无论企业组织如何去搜寻有关环境改变的信息和知识，以及如何在此基础上形成知识创新，也无法完全认知环境变化的规律，这就是哈耶克所谓的“人类的无知”。正是在这个意义上，尽管不存在选择主体，环境的选择机制在产业系统的演化过程中仍然是处于决定地位的。

（2）企业演化与企业间互动。

社会系统中人类组织演化与生物物种进化的根本差别在于演化主体的认知和无知。如果演化主体具有认知的能动性，那么主体就能够在面对环境变化时做出能动的反应，而这种反应与环境的变化交互作用，相互反馈将会生成一种复杂的结果。而如果与生物物种进化完全相同，即反应和变化中是没有主体认知参与的，将会获得一种完全不同的结果。企业的演化与企业间的互动就是这种主体认知作用的体现。企业组织个体将根据外部环境条件和以往演化历史中行动的结果来修正与环境变化相对应的行动，而企业之间的相互作用则能够形成宏观结果并被演化为个体行动的新的环境。这种行为在经过多次的重复后，企业组织个体的行为轨迹将会出现分化的特征，适应性强的个体得以保留，适应性差的则被淘汰出局。与此同时，在产业系统的宏观层面上将会涌现出不同于以往的新的特征，表现出多样化的时空特性。企业组织个体在决定性的细节特征上具有了新的表现，呈现出某种多样性。而多样性则是企业与环境不断适应的前提和结果。企业组织个体每一次的适应和与之相应的交流都为更进一步的多样性提供了可能的环境。

演化之所以称之为演化，是因为在演化的阶段性过程结束以后将出现一种演进结果，而这种演进就是通常所称的量变到质变的改变。进化质变在主体层面的体现，就是代表主体本质特征的改变。具体到产业系统和企业组织，就是能够改变主体本质性状的知识创新。这种创新的生产机制来源于两个方面：一是企业组织在生存危机下的主动适应；二是企业之间的互动。无论是主动适应还是相互交流，都是企业组织主观能动的体现。知识创新是变异机制的结果，创新带来的新知识也是复制机制的载体。主动适应和相互交流中产生了创新的结果，而新知识也是在主动适应和相互交流中扩散开来，复制并保存成为产业系统新特征和演化的结果。

5.2 产业演化各个阶段特征

5.2.1 萌芽期的产业演化特征

由于产业处于创生阶段，企业刚刚进入到产业当中，产业和企业的知识存量都较低，因此企业组织的学习能力也相对较低。企业对环境和产业系统的认知处在演化的初期，虽然对环境和产业系统内部情况认知程度较低，迫切需要扩大关于环境和产业的认知，但是由于资源限制，企业的所能认知的部分无法迅速扩大。

产业系统的不确定性较高，企业的自主创新意识较强，组织将利用其独特的判断力在干中学和不断试错中积累知识。变革频率较高，变革方案的形成过程较为激烈。萌芽期的企业间互动受到地理位置和社会关系网络的影响。网络的形成和互动通常局限于空间上相邻近的区域和具有紧密关系的社会网络之中。萌芽期的创新通过局部互动在局部性的网络中扩散，并引发新一轮的创新和创新扩散，促使局部网络中的企业系统演化。而网络中的演化也影响着企业的知识动态。产业的演化行为同样主要发生在局部性的网络中。产业由具有地域性关联的企业网络构成，企业网络间的联系较为松散，知识的外部性、互补型和正反馈性表现不明显，互动水平和频率相对较低致使企业间的互动对进一步引致知识创新和知识扩散的动力不足。

处于萌芽期的产业系统演化速度较慢。由于企业的学习能力较弱，知识存量较低，互动水平和频率不高，产业系统的演化进程比较缓慢。企业之间的竞争程度较低，产业内部环境对企业的选择能力较弱，而选择机制主要是在如技术环境、制度环境和文化环境等外生环境中发生作用。企业间的合作水平和竞争水平都比较低，知识反馈的水平也较低。产业中的企业数量较少，知识存量处于较低水平也导致企业间的差异性程度较低，具有全局影响力的企业尚未出现，市场的进入壁垒较低。

企业的变革过程引发的企业演化行为以及由此诱发产业系统的演化过程表现得较为缓慢，且主要发生在地域性网络中，产业外部环境对产业演化的影响十分明显，外部环境的选择作用较大。因此，当外部环境对创新和多样性的激励程度较高时，将会加速产业演化的进程，同时促使企业的演化和互动突破目前网络的限制，扩大互动的范围，从而激发产业演化速度提高。如果外部环境对创新和多样性的激励较小，将会减缓产业演化的速度，在地域性网络中互动的企业将会由于频繁的互动而加速同质化的进程，从而压制企业的演化和企业间的互动，而产业系统的演化将有可能因此面临停滞。

5.2.2　发展期的产业演化特征

随着产业进入发展期，知识积累增多促使知识存量水平提高，企业对演化环境的认知能力明显提高，企业组织的学习能力也因此得到了较大的提高。由于萌芽期的地域性网络互动较多，使得企业的专用知识存量增长快于通用知识存量增长，企业的创新能力较之模仿能力更高。此时的企业组织对环境的认知能力得到了显著的提高，变革的方案形成也呈现出多态化的趋势，企业内部形成的变革方案过程也变得更为激烈。企业间的互动网络从地域性局部互动扩大至更大区域的互动，企业间网络表现出明显的小世界网络的特点。处于产业发展期的企业创新能力较强，企业普遍选择自主创新行为。通过频繁的互动企业的知识创新将引发其他企业的知识创新和创新扩散，从而使产业的知识存量水平出现动态增长，同时影响企业的知识动态。企业的创新和创新扩散伴随着企业间互动形成了具有乘数效应的创新循环，使得产业系统出现持续创新。

处于发展期的产业具有较高的演化速度。企业的学习能力增强，提高了对产业外部环境的适应能力，产业外部环境对企业的选择作用相对较弱，而产业内生环境对企业的选择作用更为突出。创新循环使得产业系统的多样性增加，由于尚未形成选择标准，企业间的竞争并不激烈，企业通过变革和创新弱化了选择的压力。因此，环境对企业的选择机制主要在产业内部环境中发生。此时，企业间的合作多于竞争，知识的外部性、互补性和正反馈等效应要比竞争效应更强。企业和产业的演化速度较高。产业系统不确定性降低，产业风险减小，进入企业的数量增多，然而伴随着企业数量的增多，产业的进入壁垒也随之提高。

在产业发展期，企业的适应能力加强，可以通过创新环节降低资源稀缺程度增加的影响，削弱环境的选择作用。然而频繁的创新和互动将引致更大范围的创新又加剧了环境的不确定程度，这也在另一层面推动了产业创新的进程。企业的学习和能动适应能力提高，在路径依赖效应的作用下，企业的偶然性创新将会被逐渐放大，直到引起产业系统的结构性变化。企业间的学习能力、变革能力分布逐渐失衡，扩大了企业的差异化程度，企业对产业系统演化的影响力也开始出现分化，具有更高创新能力的企业主导了产业演化的进程。同时，由于主导性创新尚未出现，产业中暂时不存在主导型企业，产业中存在大量的机会。

5.2.3 成熟期的产业演化特征

进入成熟期后，产业的技术水平逐渐接近技术空间边界，主导技术形成。随着知识存量的进一步积累，企业的学习能力也随之改变。由于专用知识的存量在成熟期变化不大，增速更快的是企业的通用知识，因此企业的创新学习能力降低，而模仿学习意愿提高，产业中的多数企业倾向于采取模仿行为。由于企业间同质性增加，知识编码化程度提高，变革方案更多地趋向一致。网络中的企业间互动从局部性互动转变至全局性互动，企业的模仿和吸收能力都获得较大提升，企业开始随机地与产业中的其他企业交流，企业间网络呈现出随机性的特点。企业更多地采取向主导型企业学习的行为，对主导型企业的技术和行为模式进行模仿，产业互动模式呈现出中心和外围的结构，即多数模仿型企业围绕着少数创新型企业的结构。

产业系统在进入成熟期后的演化速度明显减慢。这主要是由于产业的整体技术水平接近技术空间边界，产业发展潜力降低。这一阶段中产业演化的推动者主要是产业中的主导型企业。知识的流动大部分是从主导型企业向周边企业流入，而其他企业较少采取自主创新行为，企业间互动很难引起新一轮的创新，这使得互动对产业知识的外部性效应和正反馈效应都降低了。此时，产业环境对企业的选择作用再次显现，企业的能动适应能力降低。除了创新主导的企业之外，多数企业无法通过创新来缓解环境的选择压力，而是受制于市场选择的力量。成熟期的产业系统内部竞争激烈，部分企业因为无法承受环境的选择压力而退出，产业内的企业数量将大幅减少。主导型企业将更多采取保护策略，防止知识外溢，这也将提高产业的进入壁垒。因此，进入企业的数量非常有限。企业间的合作在成熟期大量减少，竞争程度迅速提高。企业由于失去了主动创新的能力，适应环境的能动性较小，因此更多地受到产业环境的制约。

产业演化在不同的生命周期表现出不同的特征。产业演化的速度经历了由萌芽期的缓慢到发展期的迅速，再到成熟期的放缓的过程。而产业中的知识增加速度和企业对环境的适应能力同样经历了一个抛物线式的变化过程。而企业演化的过程在萌芽期更多地受到产业外部环境选择力量的作用，发展期则主要受到产业内部知识环境的正向激励作用，到了成熟期则主要受到产业内部环境选择力量的作用。网络中的企业间互动在萌芽期和发展期主要表现出合作性，而在成熟期则以竞争性为主。前者体现了知识的外部性、互补性和正反馈性等，后者则体现了知识的稀缺性和竞争性等。产业系统的知识动态变化也从开始的专用知识和通用知识存量都比较低，到发展期的专用知识存量迅速增长和成熟期的通用知识存量迅速增长过程。产业技术创新表现出从萌芽期的较低水平，到发展期的迅速提高，再到成熟期的中心企业主导创新和外围企业选择模仿的变化。

第 6 章

产业演化三大机制及模型

6.1 环境变化的诱导性作用——选择机制

环境的不确定变化从狭义的角度来看是外生的。即使从广义的角度来看，主体认知对环境变化的影响也将是复杂而漫长的过程。对于产业所处的大环境而言，单个企业认知对其的反馈作用是十分微小而缓慢的，因此可以将产业演化的大环境视作是客观的、外生的。在这个意义上，产业系统的演化存在一个客观的大环境。也正是由于大环境的外生客观性，企业主体将无法达到也不会对其采取完全和客观的认知。因此，对于产业系统和企业组织而言，环境就变成了相互联系而又互不相同的两个层面：客观环境和主观环境。

6.1.1 产业演化的客观环境

产业演化的客观环境是置于一个更为广阔的视野中的，企业组织个体对其的影响是可以忽略的，对其的认知也是不全面的。于是，产业演化的客观环境与企业组织个体相互反馈、相互影响的结果成为由企业选择、诠释和影响的小生境（niche）。小生境代表企业组织在产业演化客观环境中的竞争地位，受到企业历史经营绩效、小生境空间容量以及小生境中其他企业的策略和行动的影响，与企业的生存发展直接相关。

企业组织在产业系统环境的变迁下是生存危机压力的直接承受者。在面对变化时，企业组织或是生存和成长，或是被淘汰。企业间复杂的非线性互动，使得企业演化的方向呈现出多样性与随机性，其所处的小生境也表现出某种复杂性。一方面呈现出可以认知的具有秩序性的状态，某些规律可以被个别企业认知、学习和适应；另一方面则呈现出某种随机性，小生境本身持续演化为企业组织的生存发展创造外部条件，使其处于混沌边缘。企业组织的策略和行动也将影响到小生境的发展。企业在产业演化的客观环境中表现出生存空间的改变和生命周期的起伏，演化的过程是通过创造性破坏和自组织过程进行的。企业组织为获得持续的生存和发展必须在产业系统客观环境中竞争有限的资源，争夺生存的机会和小生境空间。

在产业演化的客观环境中，当企业组织的数量呈现增加的趋势时，企业之间为了降低资源争夺的竞争程度，将会采取措施扩大差异程度，以独占小生境，这将导致产业小生境空间结构的分化。当企业组织的数量逐渐增多，企业组织之间的差异程度增大，小生境空间结构的分化力量也就逐渐增大，复杂性不断提高。由于小生境是企业组织的活动场所，不同的小生境空间为企业个体的生存活动提供了基础条件。例如资源是否充裕、是否具有发展的空间和余地等。

企业组织试图主动选择适合生存与发展且具有独特竞争优势的小生境空间。而在争夺同一小生境空间的企业群体中，企业个体的竞争优势将因企业间的竞争性互动和互动反馈而趋向自我增强。即在竞争中，通过以消除对方优势威胁为目的的学习、反馈而获取竞争优势和提高与环境的适应性的过程。在此过程中，企业拥有的只是暂时的相对优势，因为竞争对手随时有赶上的可能。

同时，企业组织并非只固定在原有的小生境中活动，也可以在不同的小生境之间移动，或者处于不同小生境的交界之中。当原本属于一定企业群体的小生境中出现了潜在竞争对手后，将会出现更为明显的竞争性互动现象，竞争也将更为激烈。如果企业的策略和行为互动较为频繁，则产业系统内部的小生境空间也将发生分化和复杂化，使企业个体只能选择唯一合适的小生境空间，稳定地在具有较大异质性的小生境中生存。企业间频繁互动形成的产业小生境结构，将有效地阻止潜在竞争者进入，这也可以解释成熟产业生态更能有效阻止潜在竞争者的进入。

6.1.2　企业认知的主观环境

产业演化的客观环境只有通过企业成员对立观点的辩证调和以及共同诠释的过程，成为被企业成员主观意识和学习过程参与的认知环境，才能成为对企业和产业的演化进程具有实际意义的环境。客观环境是实际存在且不断变迁的，通过企业组织的认知过程转化成为企业的主观环境后，企业才能从认知结构出发了解和诠释环境的变化，从而采取相应的行动和策略以适应变化了的环境。企业对环境的变化所带来的潜在威胁和机会保持灵敏的认知，并据此适当地采取相应的适应性调整，是企业组织生存和发展的重要能力。

企业认知的主观环境是一种根据企业组织的自身需求，通过独特的认知过程主观制定的情境。企业成员对客观环境的认知通过信息的抽象简化，提取从企业认知结构的角度而言最重要的环境特征，将形成的信息传送到成员的大脑，这些信息构成了企业认知的主观环境。组织生态学者曾就企业认知与客观环境的关系有过这样的论断：由于人们处理信息的能力受到限制，因而只能以预期的认知来感受环境。而成员面对和管理的环境也并非是客观意义上的环境，而是通过某个订制过程形成的主观认知意义上的环境。企业并非根据环境的客观变化制定变革策略，而是根据主观的认知环境采取行动。因此，企业应对环境变化的行为实际上自然选择和自组织交织形成的。客观环境本身是开放性的，而企业组织由于具有不同的认知结构，对相同的客观环境变化形成了不同的理解必然表现出不同的反应。

企业组织能够对客观环境的复杂性进行一定程度的信息处理。这种信息处理的过程是企业的组织学习过程。正因为主观认知环境是客观环境的对应，当产业演化的客观环境变化时，主观环境也将随着认知对象的改变而发生变化。然而，受到成员主体认知有限性的影响，客观环境的复杂性远比企业所能认知的主观环境具有更大的动态性、复杂性和广泛性。企业组织并不拥有足够的资源和时间，因而只能对环境变化的相关因素进行选择，针对与本企业相关的部分，进行策略规划，采取变革反应，从而加强企业赖以生存与发展的特定功能。因此，当客观环境的变化较为激烈且经过长期积累时，将更加易于被企业组织认知。

认知结构的差别不仅表现在企业组织之间，也表现在企业内部的成员之间。不同的企业成员所具有的心智模式和知识结构将对环境的改变做出不同的解释，获得不同的特征，产生不同的认知。因此，企业组织搜寻与客观环境改变相关的知识对企业变革和演化的作用具有滞后性。企业成员间的不同认知需要一个相互交流、相互影响的过程，通过企业成员间多元对话基础上形成的共同解释行为才能上升为企业组织的认知，形成主观认知环境。而企业成员对客观环境的认知是可以改变的，企业成员通过与其他成员的非线性反馈作用形成的复杂学习网络，比较、质疑、协调和整合主观认知，形成共同的主观经验，对客观环境的变化产生具有一致性的共同认知，进而形成一致的变革策略，采取一致的行动。而企业组织的策略和行动所产生的效果以收益的形式反馈回来，将对企业内部各种观点的竞争形成选择压力，能够产生较高收益的观点受到肯定被选择出来，而其他观点则被淘汰。选择出来的观点将被保留、社会化和显性化成为企业组织的主导逻辑，支配企业的认知过程，影响企业认知和变革行动。

但是，由于企业成员的思维方式差异和主导逻辑影响，企业组织认知的主观环境将不可避免地对客观环境变化产生信息扭曲，从而造成主观和客观环境的差异。这种差异一方面表现为时滞性，即当客观环境的改变已经发生时，企业成员却由于某种原因而未能注意到，造成了对已经发生的环境改变的忽略。另一方面则表现为认知上的扭曲，即环境发生此种变化时，成员将变化的类型认知为彼种变化；或者在下情上达的过程中，由于个体利益的差别形成了一种人为的故意或潜意识的扭曲改变。而信息认知的扭曲由于环境变化对企业行为改变的滞后性，不会立即发生。当企业成员或高层管理者认知到与环境变化相关的信息产生了扭曲时，企业成员将无法深刻地认知到组织变革发生的迫切需求，从而带来企业对环境适应性改变的延迟。在多元化观点调和的动态过程中，企业形成了对产业系统演化的客观环境的认知，成为混沌通往秩序的前提。

6.1.3 环境变化对企业的选择

企业通过与其他组织的策略和行动的互动为组织变革和企业演化创造有利条件。当环境发生改变时，企业必须作出相应改变以适应环境改变，同时也需要面对环境改变所带来的产业内其他企业变革的状况。环境为企业提供资源和信息，为企业创造机会，而环境的变化则以选择压力的方式对企业提出种种要求。企业与环境是相互依赖的，企业行动是环境变化引致的结果，被环境所影响和改变，导致了企业的适应不稳定性。

企业的生存发展需要受到环境选择作用的影响，企业一方面拥有理性适应的自由空间；而另一方面也和环境中的其他企业一起共同受制于环境的影响。环境对企业的选择作用与企业本身的主导逻辑密切相关，如果环境的变化是至为激烈和不确定性极高的，则采取单一技术和特定观点的企业将会降低对创新的激励，从而使企业组织被淘汰。如果企业组织是拥有较大资金实力和技术能力的核心企业，那么企业对环境改变的承受能力较强，在环境变化后的协调能力较大，因而具有更高的新陈代谢能力。核心企业的结构高度多样化和分化，具有多重稳定状态，能够更为顺利地从一种状态向另一种状态过渡，环境对这类型企业的选择能力相对薄弱。而资金实力和技术能力相对较小的边缘化组织对环境改变的承受能力较低，协调能力较弱，新陈代谢能力较小。边缘企业的结构多样性和分化程度较低，稳定状态较为单一，则环境对这种类型企业的选择能力较强，这也体现了过度多样性对系统演化的作用。内部多样性更为丰富的企业系统相对于较为单一的企业系统具有更强的环境适应能力。

产业系统演化的客观环境变化，与企业组织对产业动态的主观认知和反馈密切相关。企业组织的内部活动促使结构向多层级和多功能进化，从而提高企业的竞争优势，但是企业组织无论如何发展，总是要受到环境选择的直接作用。因为企业的演化需要与环境进行直接的沟通，企业只能对在其功能范围以内的环境变化事件做出相应的反应，而对超出功能范围之外的变化，则无法做出反应和反馈。企业组织对环境进行学习和适应的最终目的是通过推动内部的反馈循环过程，维持企业的生存与发展。

环境通过企业组织和企业之间的非线性互动和反馈，规范企业之间的交易活动，提供企业之间互动的标准，从而建立起结构性的产业秩序。此时，产业内部的主导逻辑被建立起来，开始了从混沌状态通向秩序的过程。产业主导逻辑是维系产业环境稳定性的基础，如企业主导逻辑一样具有一定的稳定性和滞后性，并因此能够对企业组织变革方案和策略行动的偏差所造成的产业系统内部起伏进行抑制，从而保证产业系统处于结构化的秩序当中。产业的主导逻辑将通过制约企业主导逻辑的建立和演化，影响企业组织的演化过程。而企业的主导逻辑也将通过制约企业自身的变革和演化过程而对产业的主导逻辑产生影响。产业和企业主导逻辑之间的相互反馈互相影响也体现了产业系统和企业系统协同演化的特征。

6.2 学习、变革、互动、创新——变异机制和复制机制

6.2.1 学习、变革、互动——产业系统多样性和创新的基础

产业系统演化的前提是系统的多样性。而多样性的来源主要是

对新知识的探索以及新知识产生和旧知识淘汰的非均衡变化。这一过程的基础包含了企业的组织学习过程、组织变革过程和企业间的互动过程。

企业组织的学习过程是面对不确定的环境改变时，企业演化和产业演化的首要步骤。企业组织围绕它们各自的竞争能力和所处环境进行构建、更新知识的学习过程，增强了产业面临不确定和竞争环境的适应性，是取得成功的前提。企业组织的学习包含了多种动机，是一个不确定的过程，学习的结果在不同个体、不同时期、不同环境中也并不相同。组织变革的过程则是在组织学习的基础上，基于对客观环境的筛选建立主观环境而后进行变革方案选择和实施行动的过程。企业的组织变革增加产业多样性的途径是变革方案的形成和实施过程。由于企业内部成员之间存在着认知结构的差异，企业成员变革方案的交互作用结果就具有多态发展的可能。在变革方案的实施过程中存在的信息扭曲将扩大多态发展的趋势，变革的结果是扩大企业的异质性和增加产业系统内部的多样性。

如果说企业的组织学习和组织变革过程提高了企业的异质性程度，那么企业间的互动就是在扩大的异质性基础上丰富了产业系统的多样性。异质性程度的提高为企业间的互动奠定了基础。互动的前提来源于一定共同的知识基础之上的差异，处于同一产业系统中的某些特征保证了相同的知识基础，而异质性又推动了互动的发生。产业系统中企业成员之间的差异将为互动后的新状态生成提供多态的可能性。从这个意义上看，企业间的互动同样丰富了产业系统的多样性。

实际上，企业组织的学习、变革以及互动是一个交互进行的过程，不存在起点终点的阶段性改变。从系统开放性的角度来看，这一个过程可以描述为：企业有采用不同技术、不同行动的可能。这是企业异质性的体现。由于有限理性的存在，试用不同技术、采取不同行动时，企业是具有试验性质的，一些试验可能取得高于其他试验的收益，这些试验将被企业组织视为成功的，同时被其他企业所模仿，收益较低的试验将被淘汰。

学习、变革和互动的过程增加了系统的多样性，在此基础上也产生创新的活动和结果。与技术相联系的组织学习是具有路径依赖性的，对可能技术空间内的技术选择受到特定时期所处的技术轨道的限制。组织学习的能力建立在企业所具有的默会知识基础上，其搜寻的空间也将受到默会知识有限性对学习能力的限制。从这个角度来看，搜寻学习的过程是局部的而不是全局性的，局部学习的结果将是路径依赖或者锁定，偶然的随机事件将对新技术在产业中的扩散产生放大效应。

企业演化过程充满了不均衡行为的调整以及知识积累，而产业演化过程则呈现出产业秩序失调、再协调和秩序重建的动态过程。组织学习是企业组织围绕它们各自的竞争能力和所处的环境进行构建、更新其组织知识的过程。变革是在学习和知识更新的基础上由上而下采取变革方案、更改主导逻辑的过程。而创新可以看作一种新知识的组合。企业在学习过程中汲取新知识和新信息，新知识和新信息在企业组织内化过程中会产生新的问题，在解决问题的过程中将产生变革，从而滋生创新。而未被加工的信息和知识在逐渐内化成企业的默会知识时，将会在企业成员个体的互动中产生新组合形成创新。企业的组织学习和变革行为是产业内创新的来源，同时通过企业间的互动和交流，产业层面的创新被不断地生产出来。

企业间的互动表现出网络的特点，组织学习、组织变革产生的行为和新知识将在企业间网络的互动中生成产业层面的创新。网络中的企业组织成员都具备一定的学习能力，企业成员之间存在一系列知识共享机制（例如人才流动、供应商—客户间的合作互动、不同组织员工间的非正式沟通）。知识共享机制将企业个体独自的学习和变革联结为协同机制，使得企业层面的知识创新聚集成企业间网络的知识积累。而产业环境中的社会文化和制度氛围，为企业间的共同学习和变革创新提供了保障。由于网络外部性的存在，企业间的知识互动使得整个网络成员都享受到了正向的收益。在面对共同的环境变化时，网络中企业成员间的互动能够起到协同行动的作用同时产生知识积累，从而获得企业间网络的整体知识存量提高和竞争能力提高的结果。企业间网络的知识流在企业成员间的分布与成员个体的学习和变革能力分布正相关。当网络中的企业学习和变革能力相近时，例如企业都是具有相近的创新精神的知识创新者，在网络中的互动做出的知识贡献率相似，则知识流在企业成员间的分布程度较为平均。当网络中的企业成员间具有较大的差异性，部分主体的学习和变革能力更为活跃，而其他企业的能力相对较低，则网络中的大部分知识都是由创新能力较强的企业生产出来，在这类型网络中知识流的分布是不平均的。创新能力较强的企业将向外输出新知识，其他企业从这些企业的知识外溢中获得新的收益。这类型网络的结构类似于领导者—追随者网络，通过网络的协同作用，在协同学习过程中也能共同提升网络的学习能力和知识积累能力。

6.2.2 创新和新知识的传播——变异和复制

由组织学习、组织变革带来的企业创新，以及由企业间网络成员的互动过程产生的产业创新是产业系统演化的变异机制。变异机制是创造变化的过程，是系统从一个演化阶段向另一个演化阶段演进的根本动力。创新推动产业系统演化的过程可以概括为：企业创新—产业局部创新—创新扩散—产业创新—系统环境适应性改变—演化。企业创新是分散化和偶然性的行为，其对企业个体的意义是革命性的，而对整个产业而言同样是激进式的推动。当创新由企业个体开始向群体扩散并逐渐到达临界点时，新知识和成功经验将被总结为有效的行为模式。当创新上升到产业系统层面，企业群体行为的结果将通过一个渐进的缓慢过程推动产业演化。

企业个体的创新行为将导致企业间优势的差异化愈加明显，从而加深产业分工。产业分工的深化表现在新知识和新信息等的独占性利益，这种利益将在经营效率和收益率水平上呈现出比较优势。企业的创新行为将带来比较优势的特殊差异。同时，基于生产过程的特定专业知识水平超过一般的积累又将形成生产率优势。创新从供求两个方面影响产业系统的演化，从需求的角度来看，创新将影响消费和出口需求，同时借助消费倾向转变和需求结构的变动实现。创新的结果将使企业产品更加适合消费需求，同时适应生产和投资的升级需求趋势，改变出口需求结构等。而在供给的角度，创新则主要通过提高产业运行的基础性技术平台，改变产业要素结构，以及优化管理结构等方式实现。创新通过改变专业化分工从而改变劳动力就业结构，同时也增加了产业间劳动生产率上的差异性。创新中的产品和工艺创新更多的是扩大短期内收益水平差异程度的途径，开辟新的市场则是拓展企业生存空间的手段。创新可以视为新知识的组合，而企业组织的变革过程承载和代表了创新的过程，变革方案和变革策略的选择同样也可视作一种创新的途径。

知识创新的努力程度和结果之间并不具有正向的相关关系，而是呈现出一种不确定的状态。创新的实现是具有偶然性的，尽管机会的出现呈现出某种意外性，然而在一定的时间内是客观存在的。而产业系统的演化机制同样是非线性的，当新知识出现，其收益能力超出平均水平时，则将在产业系统内部扩散。当旧技术知识的收益水平降到平均水平之下时，其市场份额就要下降，并逐渐被淘汰。这种优胜劣汰的过程将推动产业的演化进程。创新的发展不仅与新知识本身相关，同时也是创新和经济因素协同演化的结果。由于创新和创新的企业群体互动，以及环境选择等非线性作用的结果，使得产业系统的演化过程呈现出多态性和复杂性。

企业组织在一定的资源约束下，由于技术关联将在企业间网络中进行互动式创新。而由于创新的外部性和继承性，企业间网络的经济绩效将呈现出大于独立创新的效果。这种效果将促使产业系统演化过程的发生。产业内的创新是一个不间断的过程，它改变了技术扩散和竞争均衡的过程。创新的变异过程将为环境的选择过程提供多样化的选择集合，促使演化顺利进行。新知识将持续地改变产业系统的技术结构和市场结构，同时改变了企业间网络的特征，诱发产业系统的效率波动。同时，企业间网络的结构和产业波动特征尤其为进一步的创新创造了条件。

产业系统演化过程的复制机制是对学习、变革、互动以及创新过程中所产生的成功经验和行为模式的遗传和保持。在演化经济学的分析当中，将复制的载体定义为企业惯例，而本书认为复制的载体应该定义为新知识更为恰当。新知识意味着变异机制获得的成果，而对新知识的复制则体现了对成功变异的保持和遗传。对于新知识的成功复制使得企业在演化过程中获得的成功经验和行为模式得以延续，而新知识的延续则缩短了企业和产业适应环境的时间。新知识从一个团队复制到另一个团队，并经过企业间网络的交流，从一个企业复制到另一个企业。复制起着传递知识和信息的作用，也正是由于复制的作用，企业的创新才得以进步和发展，因此新知识复制也是推动产业演化的重要动力。

知识扩散模型对本书以组织变革为基点，由企业自组织演化、企业间互动而上升至产业层面的演化，以及产业层面对企业层面的反馈的一系列演化过程具有较好的解释力。

通过对知识扩散模型的修改，本书的模型试图证明以下结论：

（1）产业层面的演化是以企业组织内部的变革为基点引发的。

（2）企业组织的变革带来了企业创新能力和吸收能力的变化，从而改变了企业间互动的频率，并进一步改变企业组织和整个产业的知识存量。

（3）知识存量的改变和创新能力的变化使得产业经历了从萌芽、发展至成熟的演化过程，并决定了企业、产业以及企业和产业协同演化的速度。

6.3 产业演化模型

6.3.1　基本假设

可以用一个参数 C 来简单描述社会文化对于企业创新的宽容程度。C 值越高，说明社会文化越鼓励创新，企业家的学习动力就越强，学习的成功概率就越高。科学知识（或技术机会环境）和社会文化环境都在一定程度上塑造和选择了企业和产业的演化轨迹。但是，由于影响企业和产业演化的因素很多，这种塑造和选择作用也是有限的，并且是和其他影响因素共同作用的。因此，它们的影响程度还取决于企业和产业的其他特征。

（1）知识存量：产业中有 N 个企业，$k(t)=(k_1(t), k_2(t), \cdots, k_N(t))$ 表示产业中企业在 t 时刻的知识存量。

（2）组织学习：组织学习能力包括吸收能力和创新能力。a_i 表示企业的吸收能力（模仿能力），b_i 表示企业的创新能力。在演化开始阶段，企业具有初始学习能力 $a_{i(0)}$ 和 $b_{i(0)}$。

（3）组织变革：组织变革 c_i 将带来组织学习能力的提高。而组织变革对组织学习的影响存在滞后性，当期的组织变革将对下一期的组织学习能力产生影响。因此，假设 $a_{i(t)} = a_{i(0)} + \alpha c_{i(t-1)}$，$b_{i(t)} = b_{i(0)} + \beta c_{i(t-1)}$，其中 $\alpha > 0$，$\beta > 0$。

（4）企业间互动：每个企业都和其他 n 个企业直接互动，Γ_i^t 表示与企业 i 在 t 时刻直接互动的企业集合。企业 i 和企业 j 直接互动，则 $j \in \Gamma_i^t$。

（5）互动概率：$p \in [0, 1]$ 描述企业与其他企业随机互动的概率，以及产业的演化阶段。p 值越大，企业间的互动越随机，产业中的知识编码程度越高。$p=0$ 表示企业每期固定和 n 个企业直接互动，产业处于萌芽阶段；$p=1$ 表示企业每期完全随机地和 n 个企业直接互动，产业则处于成熟阶段。

（6）λ 用来描述产业的创新潜力，λ 值越高，产业的创新潜力越大。产业萌芽期的创新潜力最大，成熟期的创新潜力最小。因此，当 $p=0$ 时，λ 值最大，$p=1$ 时，λ 值最小。

6.3.2 模型分析

企业 i 在 t 时刻开始从事自主创新，到 t 时刻结束或 $t+1$ 时刻开始时的知识增量由以下方程描述：

$$\Delta k_1 = b_i k_i(t) = (b_{i(0)} + \beta c_{i(t-1)}) k_i(t) \tag{6.1}$$

企业 i 在 t 时刻模仿企业 j，到 t 时刻结束或 $t+1$ 开始时的知识增量由以下方程描述：

$$\begin{aligned}\Delta k_2 &= \max(0,\Delta a_i(k_j(t) - k_i(t)))\\ &= \max(0,(a_{i(0)} + \alpha c_{i(t-1)})(k_j(t) - k_i(t)))\end{aligned} \tag{6.2}$$

企业 i 在 t 时刻由于模仿企业 j 而引致的创新，到 t 时刻结束或 $t+1$ 开始时的知识增量由以下方程描述：

$$\Delta k_3 = \max\left(0,k_i(t)\left(\frac{k_i(t)}{k_j(t)}\right)^\lambda\left[1 - \left(\frac{k_i(t)}{k_j(t)}\right)^\lambda\right]\right) \tag{6.3}$$

因此，企业 i 在 t 时刻的知识增量是：

$$\begin{aligned}\Delta k &= \Delta k_1 + \Delta k_2 + \Delta k_3\\ &= (b_{i(0)} + \beta c_{i(t-1)})k_i(t) + \max(0,(a_{i(0)} + \alpha c_{i(t-1)})(k_j(t) - k_i(t)))\\ &\quad + \max\left(0,k_i(t)\left(\frac{k_i(t)}{k_j(t)}\right)^\lambda\left[1 - \left(\frac{k_i(t)}{k_j(t)}\right)^\lambda\right]\right)\end{aligned} \tag{6.4}$$

那么，企业 i 在 $t+1$ 时刻的知识存量则是：

$$\begin{aligned}k_i(t+1) &= k_i(t) + (b_{i(0)} + \beta c_{i(t-1)})_i k_i(t) + \max(0,(a_{i(0)}\\ &\quad + \alpha c_{i(t-1)})(k_j(t) - k_i(t)))\\ &\quad + \max\left(0,k_i(t)\left(\frac{k_i(t)}{k_j(t)}\right)^\lambda\left[1 - \left(\frac{k_i(t)}{k_j(t)}\right)^\lambda\right]\right)\end{aligned} \tag{6.5}$$

企业 i 在 $t+1$ 时刻的知识变化速度：

$$r_i(t+1) = \frac{k_i(t+1) - k_i(t)}{k_i(t)} \tag{6.6}$$

那么，产业在 $t+1$ 时刻的知识存量则可以由以下方程描述：

$$\begin{aligned}K(t+1) &= \sum_{i=1}^{N} k_i(t+1) = \left(1 + \sum_{i=1}^{N}(b_{i(0)} + \beta c_{i(t-1)})\right)K(t)\\ &\quad + \sum_{i=1,j\in\Gamma_i^t}^{N}\max(0,(a_{i(0)} + \alpha c_{i(t-1)})(k_j(t) - k_i(t)))\\ &\quad + \sum_{i=1,j\in\Gamma_i^t}^{N}\max\left(0,k_i(t)\left(\frac{k_i(t)}{k_j(t)}\right)^\lambda\left[1 - \left(\frac{k_i(t)}{k_j(t)}\right)^\lambda\right]\right)\end{aligned} \tag{6.7}$$

产业在 $t+1$ 时刻的知识变化速度：

$$R(t+1) = \frac{K_t(t+1) - K_t(t)}{K_t(t)} \tag{6.8}$$

从上述模型中，可以观察到这样的结果：

（1）通过式（6.1）、式（6.2）、式（6.4）、式（6.5）可以看出，当变量$c_i=0$，即企业不进行组织变革时，企业和产业的知识增加量较小，增加值较低。而随着 c_i 的增加，企业和产业的知识增加量提高，变化程度增加。说明企业的组织变革行为将加速企业和产业的知识存量变化，推动产业演化的进程。由企业的组织变革引起的学习能力的提高，成为产业演化的自组织基础。

（2）通过式（6.2）、式（6.4）、式（6.7）可以看出，变量 k_i 和 k_j 之间的差距越大，则企业和产业的知识增加量和变化程度越高。说明产业内部企业之间的差异程度对产业演化具有重要影响，差异程度越高，演化速度越快。产业内部的多样化程度是产业演化的必要条件。

（3）通过式（6.3）、式（6.4）、式（6.7）可以看出，产业的创新潜力 λ 与企业和产业的知识增加量和速度呈反向变化。说明较高的产业创新潜力，将减低企业和产业的知识增加量和速度。较低的产业创新潜力，将对企业和产业的知识增加量带来正面影响。

由此，可以看出产业演化的不同阶段将表现出不同的特征：

（1）萌芽期（$p=0$）。在产业演化的萌芽期，由于企业刚刚进入产业中，知识存量水平较低，初始的学习能力也相对较低，产业具有巨大的创新潜力。尽管初期进入产业的企业之间具有较大的差异性，但产业内的通用和专有知识都较少，因此产业内的知识差异较小，企业只与固定的企业进行互动，这些因素共同决定了企业和产业的知识存量增加速度较低，产业演化进程缓慢。

（2）发展期（$p \in (0, 1)$）。在产业演化的发展期，企业已经在产业中进行了一定阶段的知识积累，提高了知识存量水平，学习能力在变革后也有所提高，产业的创新潜力较萌芽期有所下降。企业之间由于相互独立的创新行为而进一步提高了差异化程度，这使得发展期的产业演化具有较高的速度。

（3）成熟期（$p = 1$）。在产业演化的成熟期，由于频繁的交流和互动，企业之间的差异化程度减到最低，这使得式（6.4）中只剩下 Δk_1 一项，Δk_2、Δk_3 为 0，因而此时企业和产业的知识增加值和知识变化速度都较低。产业演化进程放缓。

第7章

制药产业的演化：一个案例

7.1 制药产业概况

7.1.1 制药产业的现状

（1）制药产业的销售规模和市场份额。

如表7－1所示，2008年，世界药品的销售总额达到了7 731亿美元，销售额的年增长率为4.8%。北美地区占有全球市场中最大的份额，达到3 118亿美元的市场规模，约为全球规模的40.3%。欧洲市场规模居于第二位，约为2 475亿美元，占全球市场的32%。日本市场规模为766亿美元，占全球市场的10%。亚洲、非洲及澳大利亚的总和为908亿美元，占11.7%。各大市场的增长幅度各不相同，相比于2007年，北美市场的增幅为1.4%，欧洲市场的增速为5.8%，日本市场增速约为2.1%，亚洲、非洲和拉美的增速则更高，亚非和澳大利亚的增幅为15.3%左右，拉美地区的增幅为12.6%。而2007年各地区的增幅分别为北美4.4%、欧洲7.1%、日本4.2%、亚非和澳大利亚15.0%、拉美12.8%。2003～2008年各地区的平均增幅分别为北美 5.7%、欧洲 6.4%、日本 2.7%、亚非和澳大利亚 13.7%、拉美 12.7%。发达国家市场的增幅近年来呈现出逐渐缩小的趋势，而发展中国家的市场规模则逐年增大。制药产业的环比增长率如表 7－2 所示。

表 7－1　　制药产业市场份额

地区	2008 年		2007 年	2003～2008 年
	规模（十亿美元）	增幅（%）	增幅（%）	年均增幅（%）
全球	773.1	4.8	6.6	6.6
北美	311.8	1.4	4.4	5.7
欧洲	247.5	5.8	7.1	6.4
亚洲/非洲/澳大利亚	90.8	15.3	5.0	13.7
日本	76.6	2.1	4.2	2.7
拉美	46.5	12.6	12.8	12.7

资料来源：http：//www.imshealth.com/portal/site/imshealth。

表 7－2　　制药产业的环比增长率

项目	2001 年	2002 年	2003 年	2004 年	2005 年	2006 年	2007 年	2008 年
全球市场销售额（十亿美元）	393	429	499	560	605	648	715	773
环比增长率（%）	11.8	9.2	10.2	7.9	7.2	6.8	6.6	4.8

资料来源：http：//www.imshealth.com/portal/site/imshealth。

（2）全球制药企业销量及排名。

如表 7－3 所示，2008 年，排名前两位的制药企业辉瑞（PFIZER）和葛兰素史克（GLAXOSMITHKLINE）自 2004 年起一直占据全球销售额前两位的位置。2008 年，这两家企业的销售额分别为 433 亿美元和 365 亿美元。辉瑞公司的销售额在 2004～2008 年一直呈现负增长的趋势，而葛兰素史克在经历了连续几年的增幅逐渐缩小后，2008 年首次出现了负增长。而 2008 年排名第三位、第四位、第五位和第六位的诺华（NOVARTIS）、赛诺菲 - 安万特（SANOFI - AVENTIS）、阿斯利康（ASTRAZENECA）和罗氏（ROCHE）在 2004 ~ 2008 年这一时间段中，一直保持了较高的增长速度。诺华逐渐缩小了与葛兰素史克的差距，到 2008 年，二者的差距已经由 2004 年的近 60 亿美元缩小到 3 亿美元左右。其余，排名第七位、第九位、第十位和最后三位的企业在 2004 ~ 2008 年均保持了上升的趋势，但涨幅在各个企业和年度之间均存有一定差距，涨幅分布较为随机。而其余企业的市场份额则都在 2008 年出现了一定程度的下降，这种下降可能是受到 2008 年开始的全球金融危机的影响。

辉瑞始终处于行业的领先地位，以较大规模领先排名第二的葛兰素史克公司。而处于 2 ~ 8 位的企业之间的差距较小，相互之间的竞争更为激烈。处于 9 ~ 15 位的企业之间差距更小，且在 2004 ~ 2008 年的排名变化程度较大，说明这些企业之间的竞争程度更高，且处于相对优势地位的时间更短。

表 7 - 3　　全球制药企业规模及其增幅

制药企业	2008 年排名	销售额（百万美元）				
		2008 年	2007 年	2006 年	2005 年	2004 年
全球	0	724 465	673 043	612 013	572 659	530 909
辉瑞（PFIZER）	1	43 363	44 651	45 622	45 869	49 401
葛兰素史克（GLAXOSMITHKLINE）	2	36 506	37 951	37 516	35 256	33 231
诺华（NOVARTIS）	3	36 172	34 409	31 560	29 616	26 404
赛诺菲 - 安万特（SANOFI - AVENTIS）	4	35 642	33 819	31 460	30 953	28 446

续表

制药企业	2008 年排名	销售额（百万美元）				
		2008 年	2007 年	2006 年	2005 年	2004 年
阿斯利康（ASTRAZENECA）	5	32 516	30 107	27 540	24 741	22 526
罗氏（ROCHE）	6	30 336	27 578	23 354	20 105	16 787
强生（JOHNSON & JOHNSON）	7	29 425	29 092	27 730	27 190	26 919
默克（MERCK & CO）	8	26 191	27 294	25 174	23 872	24 334
雅培（ABBOTT）	9	19 466	17 587	16 065	14 849	13 310
礼来（LILLY）	10	19 140	17 386	15 388	14 232	13 042
安进（AMGEN）	11	15 794	16 536	16 270	13 435	10 944
惠氏（WYETH）	12	15 682	15 965	14 695	14 469	14 019
梯瓦（TEVA）	13	15 274	13 547	12 001	10 053	8 675
拜耳（BAYER）	14	15 660	14 178	12 553	11 828	11 019
武田制药（TAKEDA）	15	13 819	12 778	11 880	11 370	10 707

资料来源：http：//www. imshealth. com/portal/site/imshealth。

（3）产品和产品大类销量排名。

① 畅销产品。

从表 7－4 和表 7－5 的数据中可以看出：从单一药品的销量角度，辉瑞公司出品的立普妥（LIPITOR）仍然牢牢占据最畅销药物的第一名，尽管在 2007 年、2008 年两个年度连续出现了下降，然而仍与其他产品保持较大的差距。随着立普妥专利权年限案的胜诉，其销量优势在今后几年中仍将继续保持。除立普妥之外，辉瑞公司通过在 2009 年完成的对惠氏（WYETH）公司的收购后，获得了惠氏公司几大畅销专利药品如治疗风湿性关节炎的药物依那西普（ENBREL）和抗抑郁药物文拉法辛（EFFEXOR），这将改变辉瑞公司过于依赖立普妥的状况，从而更加稳固其行业领先地位。

表 7－4　　　　产品销量及增长率

产品名称	排名	2008 年		2007 年		销售额（百万美元）		
		销售额（百万美元）	增长率（%）	销售额（百万美元）	增长率（%）	2006 年	2005 年	2004 年
全球	0	724 465	4.4	673 043	6.2	612 013	572 659	530 909
立普妥（LIPITOR）	1	13 655	(0.9)	13 526	(3.0)	13 582	12 990	12 188
波利维（PLAVIX）	2	8 634	16.9	7 300	21.8	5 793	5 969	5 127
耐信（NEXIUM）	3	7 842	7.8	7 193	5.5	6 678	5 691	4 866
舒悦泰（SERETIDE）	4	7 703	7.0	7 138	9.7	6 300	5 684	4 752
依那西普（ENBREL）	5	5 703	5.6	5 292	16.6	4 414	3 771	2 671
思瑞康（SEROQUEL）	6	5 404	14.9	4 651	16.1	3 930	3 321	2 589
奥氮平（ZYPREXA）	7	5 023	(1.8)	5 024	2.1	4 769	4 762	5 055
类克（REMICADE）	8	4 935	14.0	4 233	15.4	3 585	2 996	2 554
顺尔宁（SINGULAIR）	9	4 673	3.1	4 465	14.8	3 829	3 248	2 794
依诺肝素钠（LOVENOX）	10	4 435	8.9	3 991	12.1	3 435	3 038	2 650
美罗华（MABTHERA）	11	4 321	12.9	3 734	12.9	3 208	2 719	2 198
达克普隆（TAKEPRON）	12	4 321	(3.6)	4 405	(2.3)	4 502	4 603	4 517

续表

产品名称	排名	2008 年		2007 年		销售额（百万美元）		
		销售额（百万美元）	增长率（%）	销售额（百万美元）	增长率（%）	2006 年	2005 年	2004 年
文拉法辛（EFFEXOR）	13	4 263	3.4	4 076	0.2	3 982	3 844	3 784
阿达木单抗（HUMIRA）	14	4 075	39.5	2 858	41.4	1 944	1 289	757
阿瓦斯丁（AVASTIN）	15	4 016	37.4	2 867	41.2	1 995	1 000	265

资料来源：http：//www. imshealth. com/portal/site/imshealth。

表 7－5　　产品中文名、适应症及研制企业

产品名称	药效	研制企业
立普妥（LIPITOR）	抗胆固醇	PFIZER（辉瑞）
波利维（PLAVIX）	抗凝血药	SANOFI-AVENTIS（赛诺菲－安万特）
耐信（NEXIUM）	抗胃食管反流性病药	ASTRAZENECA（阿斯利康）
舒悦泰（SERETIDE）	抗哮喘药	GLAXOSMITHKLINE（葛兰素史克）
依那西普（ENBREL）	抗风湿性关节炎药	WYETH（PFIZER）（惠氏）
思瑞康（SEROQUEL）	精神类药物	ASTRAZENECA（阿斯利康）
奥氮平（ZYPREXA）	精神类药物	SANOFI-AVENTIS（赛诺菲－安万特）
类克（REMICADE）	溃疡性结肠炎	JOHNSON & JOHNSON（强生）
顺尔宁（SINGULAIR）	抗哮喘药	MERCK & CO（默克）
依诺肝素钠（LOVENOX）	抗血栓形成药	SANOFI-AVENTIS（赛诺菲－安万特）
美罗华（MABTHERA）	抗肿瘤药	ROCHE（罗氏）
达克普隆（TAKEPRON）	抗溃疡病药	日本武田/ABBOTT（雅培）
文拉法辛（EFFEXOR）	抗抑郁药	WYETH（PFIZER）（惠氏）
阿达木单抗（HUMIRA）	抗自身免疫性疾病	ABBOTT（雅培）
阿瓦斯丁（AVASTIN）	抗直肠癌药	ROCHE（罗氏）

注：其中惠氏公司在 2009 年 10 月被辉瑞公司收购。

在排名十五位的畅销药品中，赛诺菲－安万特公司就占据三席，包括排名第二的抗凝血药波利维（PLAVIX），排名第七位的精神类药物奥氮平（ZYPREXA）以及排名第十位的抗血栓形成药依诺肝素钠（LOVENOX）。其中，波利维和依诺肝素钠近五年都获得了较高的增长率，这也为赛诺菲－安万特公司带来了不俗的业绩表现。与赛诺菲－安万特公司相似，阿斯利康公司的产品排名第三位的抗胃食管反流性病药耐信（NEXIUM）和排名第六位的精神类药物思瑞康（SEROQUEL）同样在近五年的销售中获得了较高的增速，尤其是思瑞康，在近两年都获得了15%左右的增长，这也在阿斯利康公司近两年的业绩中表现出来。

同样表现抢眼的还有罗氏公司，该公司的产品抗肿瘤药美罗华（MABTHERA）和抗直肠癌药阿瓦斯丁（AVASTIN）分别排名第十一位和第十五位。2004～2008年，这两种药的销量增幅巨大，美罗华近两年的增幅为12%以上，而阿瓦斯丁近几年更是呈现出成倍增长的趋势。这使得罗氏公司的总销售量增速较快，成为近年来全球发展最好的制药企业之一。

综合来看，上榜的十五大畅销药品的研制者和专利持有者均为排名前十五位的制药企业。除惠氏公司排在第十二位之外，其余企业均排在十名之内。而惠氏公司由于被辉瑞公司收购，合并成为全球最大的制药企业后，其产品也将由新的辉瑞公司所有，这些畅销药品为专利拥有者带来了巨大的收益。

② 畅销药品大类。

畅销药品大类方面，肿瘤类药品由于近年来涨幅巨大，而在2007年超过降血脂类药品位居畅销药品大类的榜首。这类药品在2008年的环比增长率仍然保持了10%以上，进一步拉大与其他大类药品的差距。涨幅方面最为突出的是免疫剂类药品，近年来保持了平均20%以上的增长率。其余如抗糖尿病类、血管紧缩素抗结剂类、抗精神病类、抗癫痫类、艾滋病防护类以及麻醉性镇痛剂类都保持了10%左右的年均增幅，而降血脂类和红细胞生成素类药品的销量近年来都出现了较大幅度的下降（见表7－6）。

表7－6　　　　产品大类销量及增幅

产品名称	排名	2008年		2007年		销售额（百万美元）		
		销售额（百万美元）	增长率（%）	销售额（百万美元）	增长率（%）	2006年	2005年	2004年
全球	0	724 465	4.4	673 043	6.2	612 013	572 659	530 909
抗肿瘤类	1	48 189	11.3	41 707	15.5	34 772	28 851	24 174
降血脂类	2	33 849	(2.3)	33 790	(7.1)	35 322	32 788	30 653
呼吸媒介类	3	31 271	5.7	28 930	12.3	24 891	22 304	19 527
抗糖尿病类	4	27 267	9.6	24 283	10.4	21 309	18 842	16 798
酸泵抑制剂	5	26 525	0.6	25 751	3.3	24 220	23 204	21 972
血管紧缩素拮抗剂	6	22 875	12.6	19 447	13.7	16 494	14 363	12 136
抗精神病类	7	22 853	8.0	20 787	10.9	18 242	16 385	14 693
抗抑郁类	8	20 336	0.6	19 781	(7.1)	20 707	19 937	20 646
抗癫痫类	9	16 912	9.7	15 264	13.6	13 097	11 762	11 578
免疫剂类	10	15 933	16.9	13 320	21.0	10 687	8 837	6 736
凝血剂类	11	13 633	10.3	11 969	8.3	10 678	9 892	8 970
艾滋病防护类	12	12 234	11.9	10 740	11.9	9 286	8 367	7 497
红细胞生成素类	13	11 459	(13.9)	12 959	(9.1)	13 971	12 462	11 605
非麻醉性镇痛剂类	14	11 161	3.6	10 472	7.9	9 138	8 755	8 138
麻醉性镇痛剂类	15	10 606	8.8	9 608	13.2	8 287	8 435	8 188

资料来源：http：//www. imshealth. com/portal/site/imshealth。

7.1.2　制药产业的特点及创新

第一，产品开发时间长、投资额巨大，风险较高。由于药品与人的健康和生命密切相关，新药品的研发需要经过筛选、实验和临床等的反复过程，近年来，新药研发到商品化应用的年限呈现逐渐延长的趋势。20 世纪 60 年代，新药开发的平均年限为 8.1 年，到了 80 年代，这一数字上升到 14.2 年。进入 21 世纪，新药研发的平均成本在 5 亿~10 亿美元之间。但是，一旦新药研发成功，在专利期内的获利也是巨大的，年获利水平以数十亿美元计。

第二，药品上市的相关法规较为严格。同时，对伦理的限制也比较严格。药品在上市之前需要经过反复的动物实验，而药品一旦上市后，检测机制也更为严格。药品的供需和定价模式在大部分国家都不采取市场机制运作。

第三，以研发为中心，无形资产的价值较高。药品研发的巨大成本和较长年限，决定了其知识产权的保护是最为关键的一环。通过专利权保护，新技术是制药企业最重要的无形资产。无论创新来自企业内部的研发部门还是企业间的互动网络和联盟，研发支出占制药企业生产成本的比例最高，为 15%~25%。

新药研发的成本较高、时间较长，并且充满了不确定性。IMS 的数据显示，新药的成功率为 10 000：1。10 000 种选定产品中，只有一项能够通过各项研发测试和药物规范进入市场销售环节。新药的认证需要通过专业性的权威结构，例如美国食品及药物管理局（Food and Drug Administration，FDA）和欧洲医药评估局（European Medicine Evaluation Agent，EMEA）。这些机构对新药的安全性进行评估，审核通过后方能上市销售。

目前，全球进入临床前及临床试验用药的数量达到近 8 000 项，增长了约 3% 左右。抗肿瘤药类、免疫剂类、抗糖尿病类、精神类以及防护艾滋病类的新药研发占据了较高的比例。而免疫剂类、抗糖尿病类、精神类以及防护艾滋病类的药品创新增速较高。从研制企业来看，新药研发主要来自排名前十五位的制药企业。如辉瑞、罗氏、阿斯利康、默克和葛兰素史克等。大部分制药企业实行研发和授权并用的策略，大型制药企业的授权研发药品数量约占新药开发的 1/3 以上。

7.2 制药产业演化阶段及特征

药品生产的历史悠久，然而其商业化和产业化的时间则比较晚。普遍认为，出现在 19 世纪的阿司匹林的大量生产是现代制药产业兴起的标志。按照制药产业运用的技术类型，大致可以分为以下几个演化阶段：

7.2.1 早期制药开发

最早期的药品制造都是以天然草药成分为主，受到当时的技术和资源条件限制，药品的开发和制造尚未形成规模。现代制药产业的开端出现在 1897 年德国拜耳染料工厂工作的化学家霍夫曼（Hoffmann），对柳树皮及树叶中萃取及纯化的成分阿司匹林的发现。阿司匹林可以用于治疗关节炎。拜尔公司抓住了这个机会，进一步将阿司匹林的生产规模化和专业化，并通过商业化的过程将其推向市场。

阿司匹林的成功带来的示范效应，使得拜尔公司和其他一些来自德国及瑞士的化学公司开始尝试从千百种动植物或微生物中提取能够治疗疾病的化学物质，从而开始了制药行业产业化的进程。由于当时的技术条件很差，商业化水平也不高，因此对药物的选择并没有形成可供借鉴的模式和标准，能否寻找到有价值的产品几乎完全依赖于运气，因此许多企业生产经营效率低下。

由于生产经营的低效率，制药产业的生物成分开发阶段很快进入了衰退期。而随着有机化学研究的发展，制药产业进入了合成具有治疗效果的化学物的化学合成阶段。德国企业和瑞士企业由于在生物成分开发阶段积累的经验和优势，在这一阶段的制药产业中仍然占据重要的地位。随着药品市场的竞争日趋自由化，药物安全相关法规匮乏导致产业发展限制较少以及化学工程关键技术的转移，制药产业获得了高速发展。

进入20世纪60年代，制药企业面临产业迅速发展后的巨大危机。由于竞争激烈，产品的研发成本提高，企业面临运营危机。而随着药物安全性法规的陆续出台，混乱而自由的制药企业必须延长临床试验的时间，从而使得产品进入市场的周期大幅延长。与此同时，新进入制药产业的美国和欧洲企业由于更为注重研发，而逐步建立竞争优势，制药产业进入生物技术阶段。

7.2.2 生物技术阶段

随着基础科学如医学、化学、化工、材料、机械、电子、光学和信息等的发展，以及遗传工程、细胞融合、细胞培养、组织培养和后基因时代基因质体及蛋白质体的研究发展，制药产业进入了另一个阶段。新技术由于可以制造大分子化合物如核酸及蛋白质等，摒弃了传统的从动物组织提取元素的方法，摆脱了传统技术面临的动物来源是否充足或是制造过程如何减少不纯度等难题。随着沃森和克里克（Watson and Crick）在1953年发现了DNA的双股螺旋结构，开启了人类研究基因问题之路。而1973年科恩和波伊尔

(Cohen and Boyer) 发明基因重组技术，使得负责制造某一特定功能蛋白质的 DNA 可以转植入载体，利用载体大量制造和人体蛋白质成分百分之百近似的蛋白质。进入 21 世纪，由这类型技术生产的药品占 FDA 核准药物的 60%。同时生物科技和生物信息技术的发展也加快了产业发展的速度，这两种技术的结合能够简化化合物检测的成分，加速新药品的测试速度。

进入到生物技术阶段，制药产业获得了迅猛的发展。到 2003 年，全球共有 3 000 多家生物科技公司。其中，美国和欧洲公司的数量各占总数量的 40% 以上，上市公司 10% 左右，市值超过 3 000 亿美元，拥有员工数量近 20 万。获利公司由 1995 年的 5 家成长到 2003 年的 30 家。2002 年，共核准了 198 种生物科技药品和疫苗，其中 132 种属新药品，66 种属新适应证。1995 年以后，美国 FDA 审核合格上市的生物科技药品数量迅速增长，1995 年至 2003 年，通过审核上市销售的生物科技产品是 1995 年以前总和的近 4 倍。

新产品开发方面，进入 20 世纪 80 年代，许多制药企业开始增加与专业生物科技研发公司的合作。例如 Wellcome、Glaxo 等制药企业，直接和美国实验室合作；ICI 则选择与英国实验室合作。而如 Honechst、Ciba Geigy、Hoffmann 及罗氏（Roche）等都选择与专业生物科技研发企业采取策略联盟方式进行合作。而在生物成分开发阶段处于行业领先地位的拜耳公司和其他德国意大利的制药企业，采取生物技术的时间较晚。同时，制药企业开始尝试将研发过程中标准化的流程和临床前实验外包给专业生物科技研发公司或研究机构。专业生物科技研发公司或研究机构对整个制药产业的创新起到了良好的推动作用，使得大型制药企业在垂直整合当中，能够对方案进行弹性选择。

制药企业除了进一步与研发机构展开合作以外，并购活动在这一时期也愈演愈烈。在这一时期发生了许多大的制药企业的合并：1995 年，Glaxo 与 Wellcome 合并；1996 年 Sandoz 与 Ciba-Geigy 合并成为新企业 Novartis；1998 年，Astra 与 Zeneca 合并成为阿斯利康（Astra-Zeneca）；1999 年 Hoechst 与 Rhone-Poulenc 合并成为 Aventis 等。这些并购活动除了以市场渗透为目的以外，降低风险达到生产的经济规模效益也是重要的目的之一。同时，制药企业的市场定位日趋专业化，各个企业专事研发生产某一大类的药品。此外，部分欧洲的化工企业集团选择将制药部门独立出来，以减少集团整体风险，降低财务负担，如德国 Hoechst 及瑞士 ICI 集团等。

风险投资开始在制药产业中活跃起来也是这一时期的重要特征。由于专业生物科技研发企业拥有大量的新技术，但却苦于缺少资金而难以在制药产业中有所作为。美国风险投资公司则在生物科技阶段处于萌芽期时即进入制药产业，将丰厚的资金和先进的管理理念引入制药产业。欧洲风险投资公司进入制药产业仍是政府介入之下的产物，生物科技的总投资仅占总投资额的 7% 左右。由于欧洲风险投资市场并不采取上市筹集资金的方式，同时信息流通不畅且限制较为严格，欧洲生物科技研发公司的表现和上市数量均远不如美国。

在制药产业的这一演化阶段中，技术的发展与美国政府的政策法规以及灵活的资本市场密切相关。而生物科技研发企业的形成，对制药企业的组织结构产生了巨大冲击。由于欧洲企业处于劣势地位，使得其必须选择与美国研发机构合作或采取并购策略。

7.2.3 后基因解码阶段

人类基因图谱在 2000 年被 Celera 公司揭开以后，制药产业进入到了一个新的阶段。人类基因图谱之谜的揭开，使得药品研发可以针对人类疾病基因层次致病机理进行。这一技术简化了对化学物繁复的筛选和试验流程，开启了对遗传性疾病的治疗实验。同时，由于个人基因千差万别，通过基因解码技术，可以通过个人定制的方式减少药物的不良反应，提高治疗效果。同时，这一技术也为个性化的诊断治疗模式提供了发展空间。基因解码技术由于其自身特点，研发成本巨大。然而由于疾病致病机理和基因密码各不相同，复杂性较大。药物的开发和商业化仍然需要经过严格的试验和临床检测，市场的不确定性巨大。

进入这一时期，制药产业整合频繁发生。2008 年，全球制药 50 强中，处方药销售业绩都呈现出较大幅度的提高，有的甚至是两位数的快速增长，据美国《制药管理者》杂志的报道，制药企业的快速增长大部分来自并购重组。例如，Nycomed 公司通过并购 Altana 公司，增长了近 3 倍，这使其在行业中的排名由原来的第 48 名上升为第 29 名。美国辉瑞制药公司在 2006 年采取剥离非处方药业务的策略，包括强生、拜耳和诺华等国际知名医药企业都积极竞标。英国葛兰素史克公司更是报出了 150 亿美元的高价。出售非处方药业务能让辉瑞公司将资金和精力集中于规模更大、利润更丰厚的处方药业务，出售非处方药业务的资金可用于处方药的研发和促销。而其他制药企业也对处方药和非处方药业务进行了整合，2005 年，英国利洁时公司以 34 亿美元的高价收购了生产非处方药布洛芬类感冒药 Nurofen 和去痘膏 Clearsil 的 Boots 公司。同时，大型制药企业的新药研发投入仍维持着较高水平，2007 年度，辉瑞公司的研发费用高达 81 亿美元，占其全球销售额的 17.96%，位居第一。由于新药发现越来越难、费用较高、时间较长，风险也随之增大。然而，专利期满给许多制药巨头带来了诸多问题。2007 年，医药市场受到许多品牌药专利到期的影响，包括抗精神病药物、钙拮抗剂和β－受体阻断剂等产品。频繁的专利到期致使品牌药在全球医药市场中的份额降低，也延缓了世界药品市场的增长。

许多国家在这一时期也采取了一系列鼓励创新的政策。德国政府非常重视生物技术的发展，2007 年政府拨出了超过 80 亿欧元的联邦教研部经费，重点资助生命科学和创新技术的研究，并提出“生物工业 2021”的倡议，计划截至 2011 年，向生物技术产业投入 1 500 万欧元。法国为了鼓励制药企业开发新药，尤其是基因技术和生物技术药品，改革了对新研制药品价格的管理程序，允许制药企业自行确定新药价格。美国政府每年投入大量经费，用于生命科学的研究，多所著名大学培养出了大批优秀的生命科学研究专才。澳大利亚投资署的资料显示，澳大利亚目前是亚太地区第一、世界第六的生物科技中心，仅拥有世界 0.3% 的人口，却拥有 2.5% 的世界医学研究机构。亚洲国家近年来也开始重视生物科技的研发。韩国在生命科学研究领域，尤其是干细胞克隆技术和移植研究方面，表现出了不容忽视的实力。韩国政府也同中介机构、大学、研究机构、企业和投资机构形成了一个集科研、投资、产业化、政策于一体的生物技术发展体系，促进生物技术产业发展。

7.3 制药产业演化的机理

7.3.1 制药产业面临的环境

（1）技术环境。

在制药产业的演化过程中，基础科学的进步起到了至关重要的作用。在生物成分开发向化学合成阶段的演进中，有机化学获得了长足的发展；在化学合成向生物科技阶段的演进中，基础科学如医学、化学、化工、材料、机械、电子、光学、信息都有了较大的进步，尤其是遗传工程、细胞融合、细胞培养、组织培养和后基因时代基因质体及蛋白质体的相关研究，更是对制药产业的演进起到了巨大的推动作用；而人类基因图谱秘密的揭开使得制药产业大步迈进了基因解码时代。在制药产业演进的每一个阶段，基础科学进步的推动作用都至为关键。正是基础科学的发展和相关的技术创新，使得面临进入衰退期的产业又演进至一个新阶段。

（2）制度环境。

制度演进对制药产业的演化的影响同样重要。专利保护政策的实施促使更多的制药企业进入到研发新药品和其他相关创新中来，这一政策符合药品研发的投资巨大风险较高的特点。正是专利保护政策的实施，使得化学合成阶段的制药产业获得了迅猛的发展。而同样是药物安全相关法规的出台，限制了新药的研发速度和应用推广，改变了制药产业的市场结构。更加注重研发的欧美企业取代了具有传统优势的德意等欧洲企业，开始成为行业领导者。传统企业因此面临巨大的成本压力和运营危机，环境的不确定变化促使制药企业开始内部的变革过程。

（3）政府。

政府的作用表现在对技术和制度环境所产生直接作用上面。美国政府与欧洲政府的不同政策对本国的制药企业发展产生了完全不同的效果。美国政府鼓励新技术的研发，并在风险投资市场采取较为宽松的政策，鼓励风险投资进入制药产业；而欧洲政府则设置了较多限制，由政府出资兴建生物技术研发公司，风险投资进入制药产业的比例较小，这也造成了产业格局的变化，同时促使产业从生物科技阶段向基因解码阶段演进。

7.3.2 制药企业的变革、演化、创新与互动

制药企业在面临环境变化的情况下经历了一系列的变革和演进：

第一，面对相同的环境，不同的企业采取了不同的变革行为。

随着制药产业技术的发展，新药研发的成本提高和风险增加。面对这一情况，不同的制药企业采取了不同的变革行为。许多企业选择与外界的科技研发机构合作，共同研发新产品，共担风险共享收益；另一些企业则更为彻底，选择与科研机构组成联盟。另有部分企业选择将制药部门独立出来，减轻企业集团的负担。将标准化的流程和临床前试验外包给科研机构也是企业经常选择的一种方式。保留核心业务单元，而将非核心业务单元出售，是企业采取的另一种变革手段。

第二，部分在位企业退出市场，新进入企业向不同方向演化，创新成果增多。

由于新技术的采用和研发成本的增加，部分在生物成分开发时代具有竞争优势的传统制药企业在进入新的演化阶段后，逐渐退出了制药产业。而更具研发优势的美国公司则在这一时期大量进入，并逐渐获得了竞争优势。同时，进入生物科技阶段后，企业兼并风潮持续扩大，新企业多由原有企业合并而成，合并后的企业在成本方面享有规模优势，技术方面则享有创新优势。

第三，互动方式从局部邻近地域向全球发展。

在制药产业发展的早期，由于技术和资源的限制，主要是欧洲国家如德国、意大利和瑞士等出现了许多化工企业，这些企业之间的互动多限于地域和原有社会关系。而进入发展期后，这种互动就

不仅仅局限在邻近地域之间，制药企业与研发公司的跨国跨地域合作，以及大型制药企业之间频繁的兼并行为，是企业间互动向全球化发展的重要标志。而这种全球化的频繁互动也更有力地促进了制药产业的演化。

7.3.3　制药产业的演进

按照制药产业的演化进程，可以将其大致划分为几个阶段：

（1）萌芽期：生物成分开发—化学合成前期。

在这一时期，制药产业的技术水平较低，产业内可供学习的知识较少。产业的发展面临巨大的不确定性。企业创新能力较低，变革程度较为激烈，企业间互动通常局限为地域性的局部互动。企业的退出率和死亡率较高，产业和企业的演化速度较慢。

（2）发展期：化学合成阶段—生物技术阶段。

在发展期，由于基础科学的迅猛发展，产业环境中可供学习的知识逐渐丰富。产业演化的不确定性降低。企业的创新能力较强，新进入企业较多，变革程度较为和缓，企业间的互动趋向于跨地域，联结的概率也趋向随机。这一时期的创新成果最为丰富，企业的死亡率较低，产业和企业的演化速度较高。

（3）成熟期：生物技术阶段—基因解码阶段。

进入成熟期后，随着新药品研发的成本提高，风险增加，研发难度进一步扩大。产业环境中的知识逐渐编码化，创新的扩散程度提高。这两项因素促使创新的激励降低，产业内部的结构趋于稳定。创新成果集中在行业领先的大型制药企业手中，企业间的互动概率更为随机。这一时期，制药产业进入壁垒较高，新进入企业减少，产业和企业的演化速度较低。

第 8 章

结　论

8.1 主要研究结论

本书采用演化经济学的思想和分析逻辑，对产业系统演化的机理进行了深入研究。在综合演化经济学、组织理论以及复杂系统理论相关文献的基础上，本书提出新古典经济学所采用的静态均衡思想和微观还原论即整体的部分之和方法等，是不适用于经济社会发展现实的。在对正统经济学研究内容进行批判的基础上，得出以下结论：

（1）企业系统为解决生存危机而采取的对环境的适应性行为是产业系统演化的内部动力。由于企业和产业是处于协同演化之中的。企业作为产业演化的主体，在主动适应产业内部环境和外部环境的过程中不断演化，而作为开放性子系统的企业组织之间的互动交流将在产业层面生成新的秩序，引发了产业系统的演化；同时，产业系统作为企业演化的环境，也对企业子系统的演化具有重要的影响。产业和企业演化是相互影响、互为结果的。

（2）企业系统对环境的适应性改变是通过组织变革实现的。环境的变化将改变企业的现有收益率，企业组织启动学习进程，开始搜寻新信息和新知识。组织学习的结果将导致组织变革，企业将采取新策略，并导致企业层面的创新。学习、变革、创新将带来企业知识存量和环境适应能力的变化。在这一过程中，企业组织实现了自身的演化。

（3）产业系统演化的自组织动力是企业间的互动。子系统之间的非线性互动是使系统从无序走向有序的重要动力。而企业子系统之间的互动以及在互动中形成的网络是促使产业系统演化的自组织动力。企业间网络的形成源于企业系统之间所具有的知识互补性，而企业在网络中的知识交流将极大地改变产业系统的知识存量，产业系统正是在此基础上不断演化的。

（4）产业系统的演化过程一般可以描述为：产业系统在面对不确定变化的环境时，产业系统的组成个体企业系统为获得持续生存和发展所采取的适应性改变行为以及企业之间的互动行为，并在选择、变异和复制三大机制下，涌现至产业系统层面，呈现出具有生命周期特征的演化进程。

8.2 需要进一步研究的问题

本书虽然对由企业组织变革引发的产业系统演化过程和机理进行了较为详细的研究，然而仍然存在一定的不足，希望在以后的工作中取得进一步的突破。

（1）为了便于研究，本文将产业系统中的主体互动简化为企业和企业之间的互动，而作为产业自组织演化动力的主体互动实际上远为复杂，例如企业与社会其他主体的互动如与政府、科研机构的互动，等等。实际上，企业与其他主体的互动同样对产业系统演化具有重要的影响。将企业与其他主体的互动引入产业系统的演化当中，同样是一个值得深入探讨的问题。

（2）产业系统中的企业技术空间被设定为外生的，企业的技术空间存在一个极限。这一点限制了企业的演化行为，一旦技术空间发生改变，企业的演化行为也将发生变化。为企业的演化设置了技术边界而将技术空间的变化引入产业演化的机理研究，将会拓宽论题的适用范围。

参考文献

[1] 马歇尔．经济学原理［M］．北京：华夏出版社，2005.

[2] 纳尔逊，温特．经济变迁的演化理论［M］．北京：商务印书馆，1997.

[3] Kurt Dopfer. 演化经济学：纲领和范围［M］．北京：高等教育出版社，2004.

[4] 哈耶克．关于行为规则系统之进化问题的若干评注［M］．北京：首都经济贸易大学出版社，2001.

[5] 韦森．从哈耶克“自发—扩展秩序”理论看经济增长的“斯密动力”与“布罗代尔钟罩”［J］．东岳论丛，2006（7）：7－25.

[6] 纳尔逊．演化经济学前沿：竞争、自组织与创新政策［M］．北京：高等教育出版社，2005.

[7] 谢识予．斯密经济增长思想的理论内涵及现实意义［J］．复旦学报（社会科学版），2005（3）：25－29.

[8] 哈耶克．自由秩序原理［M］．上海：上海三联书店，1997.

[9] 魏建．德国历史学派兴衰评述［J］．经济科学，1999（2）：1－17.

[10] 贾根良，黄阳华．德国历史学派再认识与中国经济学的自主创新［J］．南开学报（哲学社会科学版），2006（4）：89－98.

[11] 凡勃伦．有闲阶级论［M］．北京：商务印书馆，1998.

[12] 熊彼特. 资本主义、社会主义与民主 [M]. 北京: 商务印书馆, 2006.

[13] 克瑞斯提诺·安东内利. 创新经济学——新技术与结构变迁 [M]. 北京: 高等教育出版社, 2006.

[14] 高洁, 盛昭瀚. 产品竞争的产业演化模型研究 [J]. 中国管理科学, 2004, 12 (6): 96 - 102.

[15] 盛昭瀚, 高洁. 基于 NW 模型的新熊彼特式产业动态演化模型 [J]. 管理科学学报, 2006 (1): 12 - 18.

[16] 庇古. 福利经济学 [M]. 北京: 商务印书馆, 2006.

[17] 琼·罗宾逊. 不完全竞争经济学 [M]. 北京: 商务印书馆, 1961.

[18] 盖翔中. 产业生命周期中产业发展阶段的变量特征 [J]. 工业技术经济, 2006 (12): 25 - 29.

[19] 常根发. 产业演化、企业持续成长与企业家——对南京民营经济发展的启示 [J]. 南京社会科学, 2005 (9): 36 - 42.

[20] 黄莉莉, 史占中. 产业生命周期与企业合作创新选择 [J]. 上海管理科学, 2006 (1): 26 - 29.

[21] 孙天琦. 合作竞争型准市场组织的发展与产业组织结构的演进 [J]. 经济评论, 2001 (4): 68 - 73.

[22] 刘世锦, 江小涓. 中国工业企业组织结构变动的长期展望 [J]. 社会科学辑刊, 1992 (2): 56 - 62.

[23] 崔志, 王吉发, 冯晋. 基于生命周期理论的企业转型路径模型研究 [J]. 预测, 2006 (6): 32 - 38.

[24] 袁春晓. 供给链变迁与企业组织形式的演化 [J]. 管理世界, 2002 (3): 68 - 73.

[25] 蒋德鹏, 盛昭瀚. 社会经济分析中的演化理论研究 [J]. 江

苏社会科学，2001（5）：45－52.

［26］刘志高，尹贻梅．演化经济学的理论知识体系分析［J］．外国经济与管理，2007（6）：27－33.

［27］杨蕙馨．从进入退出角度看中国产业组织的合理化［J］．东南大学学报（哲学社会科学版），2000（11）：16－25.

［28］何梦笔．演化经济学的本体论基础［G］//演化经济学：纲领与范围．演化经济学论文集．北京：高等教育出版社，2004：123－137.

［29］贾根良．理解演化经济学［J］．中国社会科学，2004（4）：32－41.

［30］诺思．制度、制度变迁和经济绩效［M］．上海：上海三联书店，1995.

［31］张培刚．农业与工业化（中下合卷）农业国工业化问题再论［M］．武汉：华中科技大学出版社，2002.

［32］科斯，阿尔钦．财产权利与制度变迁——产权学派与新制度学派译文集［M］．上海：上海三联书店，1991.

［33］培顿·扬．个人策略与社会结构［M］．上海：上海三联书店，2004.

［34］黄少安，黄凯南．论演化和博弈的不可通约性［J］．求索，2006（7）：1－5.

［35］刘洪．组织结构变革的复杂适应系统观［J］．南开管理评论，2004，7（3）：51－56.

［36］刘洪，姚立．管理复杂适应组织的策略［J］．系统辨证学学报，2004，12（2）：42－47.

［37］FRENCH W. L.，BELL J. C.．组织发展与转型——有效的变革管理［M］．北京：机械工业出版社，2006.

［38］费显政．组织与环境的关系——不同学派述评与比较［J］．

国外社会科学，2006（3）：15－19.

［39］刘洪，王玉峰．复杂适应组织的特征［J］．复杂系统与复杂性科学，2006（3）：1－9.

［40］蔡怀平，邢立宁，陈英武．学习型组织的复杂性研究［J］．科学学与科学技术管理，2004（12）：73－74.

［41］朱爱平，吴育华．试论复杂适应系统与企业管理研究的创新发展［J］．科学管理研究，2003（4）：63.

［42］潘安成．战略选择、组织适应力对企业绩效增长影响的实证研究［J］．管理科学，2007（4）：14－22.

［43］努特鲍姆．从演化到语言和学习［M］．北京：高等教育出版社，2005.

［44］孙国强．关系、互动与协同：网络组织的治理逻辑［J］．中国工业经济，2003（11）：59－65.

［45］盛昭瀚，蒋德鹏．演化经济学［M］．上海：上海三联书店，2002.

［46］皮埃尔·布迪厄，华康德．关于“场域”、“惯习”等概念的系统阐述参阅［M］．北京：中央编译出版社，2004.

［47］肖峰．论技术的社会形成［J］．中国社会科学，2002（6）：15－23.

［48］姚小涛，席酉民．环境变革中的企业与企业集团［M］．北京：机械工业出版社，2001.

［49］章华．社会网络嵌入与企业家创新［J］．财经论丛，2005（7）：32－36.

［50］冯进路，刘新民，龚毅，李垣．不同类型企业家创新方式选择研究［J］．外国经济与管理，2004（12）：51－55.

［51］杰克·J. 弗罗门．经济演化——探究新制度经济学的理论基

础［M］. 北京：经济科学出版社，2003.

［52］谭清美，李宗植. 新经济与传统经济比较研究［J］. 科学管理研究，2002（4）：37－43.

［53］林山，蓝海林，黄培伦. 组织学习、知识创新与组织创新的互动研究［J］. 科学管理研究，2004（10）：38－45.

［54］宁烨，樊治平. 知识能力—演化过程与提升路径研究［M］. 北京：经济科学出版社，2007.

［55］HANNAN M. T.，FREEMAN J.. The population ecology of organizations［J］. American Journal of Sociology，1977，5：929－964.

［56］TOFFLER A.. Order out of chaos：Man's New Dialogue with Nature In Prigogine［M］. New York：Bantam Books，1984.

［57］YUICHI S.. The soul of german historical school：methodological essays on Schmoller，Weber and Schumpeter［M］. New York：Sringer，2005.

［58］KWASNICKI W.. Comparative analysis of selected neo-schumpeterian models of industrial dynamics［M］. London：DRUID，2001.

［59］HODGSON G. M.. Economics and evolution：bring back life into economics［M］. Cambridge：Polity Press，1993.

［60］FRANCO M.. Innovation and the evolution of industries［J］. Journal of the Economics，2005，10：191－205.

［61］FREEMAN C.. The economics of industrial innovation［M］. UK：Penguin，Harmond Sworth，1974.

［62］GAVETTI G.，LEVINTHAL D.. Looking forward and looking backward：cognitive and experiential search［J］. Adm Sci Q，2000，5：210－222.

［63］COHEN J.，STEWART I.. The collapse of chaos：discovering

simplicity in a complex world [M]. London: Viking, 1994.

[64] EDQUIST. Systems of innovation: technologies, institutions and organizations [M]. London: Pinter Publishers, 1997.

[65] YILDIZOGLU M.. Competing R&D strategies in an evolutionary industry model [J]. Computational Economics, 2001, 7: 156-171.

[66] AUDRETSCH D. B.. Innovation and industry evolution [M]. Boston: MIT Press, 1995.

[67] SIMON H. A.. A behavioral model of rational choice [J]. Quarterly Journal of Economics, 1955, 69 (1): 343.

[68] HOWARD E. A., JEFFREY P.. Environments of organizations [J]. Annual Review of Sociology, 1976, 2: 79-105.

[69] ALDRICH H. E.. Organizations and Environments [M]. N. J.: Prentice-Hall, 1979.

[70] DUYSTERS G., HAGEDOORN J.. Internationalization of corporate technology through strategic partnering: an empirical investigation [J]. Research Policy, 1996, 25: 1-12.

[71] POLANYI M.. The study of man [M]. London: Routledge & Kegan Paul, 1957.

[72] ALCHIAN A. A.. Uncertainty, evolution, and economic theory in idem [M]. Economic Forces at Work Indianapolis: Liberty Press, 1977.

[73] HANSEN E.. Structural panel industry evolution: implications for innovation and new product development [J]. Forest Policy and Economics, 2006, 8: 774-783.

[74] DAVID B. A., WERNER B., MAX K.. Entrepreneurship capital and its on knowledge diffusion and economic performance [J]. Journal of Business Venturing, 2008, 12: 0883-9026.

[75] DOSI G.. Technical change and industrial transformation [M]. London: Macmillan, 1984.

[76] CARROLL A. B., FRANK H.. Integrating corporate social policy into strategic management [J]. Joumal of Business Strategy, 1984, 3: 128 - 144.

[77] GRAHAM W. A.. The two ecologies: population and community perspectives on organizational evolution [J]. Administrative Science Quarterly, 1985, 30: 224 - 241.

[78] LAMBKIN M.. Order of entry and performance in new markets [J]. Strategic Management Journal, 1988, 9: 127 - 140.

[79] ALESSANDRO L., LARSEN E. R., FREEMAN J. H.. Things change: dynamic resource constraints and system-dependent selection in the evolution of organizational Populations [J]. Management Science, 2005, 51 (6): 882 - 904.

[80] HANNAN J. T., FREEMAN J.. Organizational Ecology [M]. Cambridge MA: Harvard University Press, 1989.

[81] GEROSKI P. A., MAZZUCATO M.. Modeling the dynamics of industry populations [J]. International Journal of Industrial Organization, 2001, 19 (1): 1003 - 1022.

[82] BABA Z.. A regional approach towards organizational transformation [J]. Library Review, 2001, 50 (7/8): 377 - 381.

[83] CUMMINGS T., WORLEY C.. Essentials of organization development and change [M]. US: South-Western College Publishing, 2001.

[84] ALDRICH H. E., WIEDENMAYER G.. From traits to rates: an ecological perspective on organizational foundings [M]. CT: JAI Press, 1993.

[85] VANDEVEN A. H., DRAZIN R.. The concept fit in contingency theory [J]. Research in Organizational Behavior, 1985, 5: 333-365.

[86] MEYER A. D., TSUI A. S., HININGS C. R.. Configurational approaches to organizational analysis [J]. Academy of Management Journal, 1993, 36 (6): 1175-1195.

[87] MILLER D.. The genesis of configuration [J]. Academy of Management Review, 1987, 12 (4): 686-701.

[88] MINTZBERG H.. Organization design: fashion or fit [J]. Harvard Business Review, 1981, 59 (1): 103-116.

[89] ALDRICH H., PFEFFER J.. Environments of Organizations [J]. Annual Review of Sociology, 1976, 2: 79-106.

[90] PRAHALAD C. K., HAMEL G.. The core competence and the corporation [J]. Harvard Business Review, 1990, 5: 126-144.

[91] KEHN K., MANNIX E. A.. The dynamic nature of conflict: a longitudinal study of intra-group conflict and group performance [J]. Administrative Science Quarterly, 2001, 44 (2): 238-251.

[92] SHARIFI S.. Organizational learning and resistance to change in Estonian companies [J]. Human Resource Development International, 2002, 5 (3): 313-331.

[93] GALASKIEWICZ J.. Social organization of an urban grants economy: a study of business philanthropy and nonprofit organization [M]. FL: Academic Press, 1985.

[94] GHOSHAL S., MORAN P.. Bad for practice: a critique of transaction cost theory [J]. Academy of Management Review, 1996, 21: 13-47.

[95] ROBINS J. A.. Organizational economics: notes on the use of

transaction-cost theory in the study of organizations [J]. Administrative Science Quarterly, 1987, 32: 68 -86.

[96] JARILLO J. C.. On strategic network [J]. Strategic Management Journal, 1988, 9: 31 -41.

[97] SIMON J.. Organizations and markets [J]. Journal of Economic Perspectives, 1991, 5: 25 -44.

[98] JONES C., SPICER A.. The sublime object of entrepreneurship [J]. Organization, 2005, 12 (2): 223 -246.

[99] LEWIN A. Y., VOLBERDA H. W.. Prolegomena on coevolution: a framework for research on strategy and new organizational forms [J]. Organization Science, 1999, 10 (5): 519 -534.

[100] ERICH H.. The self-organizing universe: scientific and human implications of the emerging paradigm of evolution [M]. New York: Pergamon Press, 1980.

[101] KAUFFMAN S.. The origins of order: self-organization and selection in evolution [M]. NY: Oxford University Press, 1993.

[102] MIKKO JOUHTIO. Coevolution of industry and its institutional of strategy and international business in environment, 2006 [C]. Helsinki: Institute Helsinki University of Technology.

[103] MURMANN J. P.. Knowledge and competitive advantage: the coevolution of firms, technology, and national institutions [M]. Cambridge: Cambridge University Press, 2003.

[104] GULDENMUD F. W.. The nature of safety culture: a review of theory and research [J]. Safety Science, 2000, 34 (13): 215 -257.

[105] CHELL E.. The entrepreneurial personality: Concepts, cases and categories [M]. London: Routledge, 1991.

[106] BAUM J. A.. Whole-party coevolutionary competition in organizations [M]. London: Campbell Sage, 1999.

[107] MCKELVEY M.. Using evolutionary theory to the systems of innovation [M]. London: Campbell Sage, 1997.

[108] SCHEIN E. H.. The corporate culture survival guide [M]. San Francisco: Jossey-Bass, 1999.

[109] VOLBERDA H. W., LEWIN A. Y.. Co-evolutionary dynamics within and between firms: from evolution to co-evolution [J]. Journal of Management Studies, 2003, 40: 8.

[110] WILLIAMSON O. E.. The Economic Institution of Capitalism [M]. New York: Free Press, 1985.

[111] VAN DE VEN A. H., POOLE M. S.. Explaining development and change in organization [J]. Academy of Management Review, 1995, 20 (3): 510-540.

[112] Nelson. Bringing institutions into evolutionary growth theory [J]. Jounal of Evolutionary Economics, 2002, 12: 17-28.

[113] BRENNER T.. Agent learning representation-advice in modelling economic learning [M]. London: Campbell Sage, 2005.

[114] ASHBY R.. Design for a Brain [M]. New York: Wiley, 1960.

[115] HOLLAND J.. Complex adaptive system [M]. New York: Wiley, 1995.

[116] KAUFFMAN S. A.. At home in the universe: the search for laws of complexity [M]. London: Viking Press, 1995.

[117] ALLEN P.. A complex systems approach to learning in adaptive networks [J]. International Journal of Innovation Management, 2001, 2

(2): 189 – 199.

[118] DOOLEY K. J.. Organizational complexity [M]. London: Thompson Learning, 2002.

[119] PORRAS J., SILVERS R.. Organization development and transformation [J]. Annual Review of Psychology, 1991, 42: 51 – 78.

[120] MORGAN G.. Images of organization [M]. Beverly Hills CA: Sage Publications, 1986.

[121] NONAKA I., TAKEUCHI H.. The knowledge-creating company [M]. Oxford: Oxford University Press, 1995.

[122] BORGERS T., SARIN R.. Learning through reinforcement and replicator dynamics [J]. Journal of Economic Theory, 1997, 77: 1 – 16.

[123] BRENNER T.. Can evolutionary algorithms describe learning processes [J]. Journal of Evolutionary Economics, 1998, 8: 271 – 283.

[124] HENDERSON A. D., STERN I.. Selection-based learning: the coevolution of internal and external selection in high-velocity environments [J]. Administrative Science Quarterly, 2004, 49 (1): 39 – 75.

[125] LEVY D. L.. Chaos theory and strategy: theory application and managerial implication [J]. Strategic Management Journal, 1994, 15: 167 – 178.

[126] SCHEIN E. H., BENNIS W. G.. Personal and organizational change through group methods [M]. New York: Wiley, 1965.

[127] GARVIN D. A.. Building a learning organization [J]. Harvard Business Review, 1993, 71 (4): 76 – 91.

[128] BAUM J. A., SINGH J. V.. Evolutionary Dynamics of Oizations [M]. New York: Oxford University Press, 1994.

[129] MCKELVER M., ALM H., RICCABONI M.. Does co-loca-

tion matter for formal knowledge collaboration in the Swedish biotechnology-pharmaceutical sector? [J]. Research Policy, 2003, 32: 483-501.

[130] ANSOFF H. I.. Corporate Strategy [M]. New York: McGraw-Hill, 1965.

[131] COWAN R., JONARD N., OZMAN M.. Knowledge dynamics in a network industry [J]. Technological Forecasting & Social Change, 2004, 71 (5): 469-484.

[132] COWAN R., JONARD N.. The dynamics of collective invention [J]. Journal of Economic Behavior and Organization, 2003, 52 (4): 513-532.

[133] WATTS D., STROGATZ S.. Collective dynamics of small-world networks [J]. Nature, 1998, 393: 400-403.

[134] KIRZER I. M.. Competition and Entrepreneurship [M]. Chicago: University of Chicago Press, 1973.

[135] WITT U.. Self-organisation and economics-what is new?[J]. Structural Change and Economic Dynamics, 1997, 8: 489-507.

[136] WITT U.. Evolutionary Economics [M]. UK: Edward Elgar, 1993.

[137] HODGSON G. M., KNUDSEN T.. The firm as an interactor: firms as vehicles for habits and routines [J]. Journal of Evolutionary Economics, 2004, 14: 281-307.

[138] KNUDSEN T.. Economic selection theory [J]. Journal of Evolutionary Economics, 2002, 12: 443-470.

[139] DOSI. Technological paradigms and technological trajectories [J]. Research Policy 1982, 11: 147-162.

[140] HIRSCHMAN A. O.. Exit, voice and loyalty: responses to de-

cline in firms, organizations and states [M]. Cambridge MA: Harvard University Press, 1970.

[141] ALCHIAN A. A.. Uncertainty, evolution and economic theory [J]. Journal of Political Economy, 1950, 58: 211 -221.

[142] Price G. R.. The nature of selection [J]. Journal of Theoretical Biology, 1995, 175: 389 -396.

[143] KLETTE T. J., KORTUM S.. Innovatingfirms and innovation [J]. Journal of Political Economy, 2004, 112 (5): 986 -1018.

[144] SOBER E.. The nature of selection: evolutionary theory in philosophical focus [M]. Massachusetts: MIT Press, 1984.

[145] WINTER S. G.. Economic natural selection and the theory of the firm [M]. Yale: Economic Essay, 1964.

[146] DICKSON P. R.. The pigeon breeders' cup: a selection on selection theory of economic evolution [J]. Journal of Evolutionary Economics, 2003, 13: 259 -280.

[147] WITT U.. Explaining process and change [M]. Ann Arbor: The University of Michigan Press, 1992.

[148] HODGSON G. M.. Economics and evolution [M]. Ann Arbor: The University of Michigan Press, 1993.

[149] HODGSON G. M.. The evolutionary and non-Darwin economics of Joseph Schumpeter [J]. Journal of Evolutionary Economics, 1997, 7: 131 -145.

[150] METCALFE S.. Knowledge of growth and the growth of knowledge [J]. Journal of Evolutionary Economics, 2002, 12: 3 -15.

[151] HUBER G. P.. Organization learning: the contributing processes and the literatures [J]. Organization Science, 1991, 2: 88 -115.

[152] MINER A. S., MEZIAS S. J.. Ugly duckling no more: pasts and futures of organization research [J]. Organization Science, 1996, 7: 88-99.

[153] ARGOTE L.. Organization learning [M]. MA: Kluwer Academic Publishers, 1999.

[154] AUNGER R.. The electric meme: a new theory of how we think [M]. New York: Free Press, 2002.

[155] COWAN ROBIN. Network structure and the diffusion of knowledge [J]. Journal of Economic Dynamics and Control, 2004, 5: 158-169.

后记

本书是在对我博士论文进行修改的基础上完成的。对于企业的研究始于我的硕士研究生学习期间，经历了两年半的系统学习，完成了硕士论文答辩。攻读博士学位期间，根据导师原毅军教授的建议，确立了以产业演化作为研究方向。经过大量地阅读文献，决定将对企业内部变革的研究和产业演化的研究结合起来，从企业对环境的适应到环境对企业的选择，推演出产业演化的路径。

自硕士至博士研究生生活的 8 年时间，原毅军教授的严格要求和言传身教，鞭策我更加努力地学习。在论文写作过程中，经历了许多困难，导师给予了我许多帮助和指导，论文的最终完成，倾注了导师的心血和汗水。导师治学严谨、高屋建瓴的大家风范，让我永记于心。

在求学的路上，我得到了大连理工大学经济系的侯铁珊教授、安辉教授、逯宇铎教授、任曙明教授、陈艳莹师姐、丁永健师兄、董琨师兄、孙晓华师兄的帮助。在博士论文的研究工作中，有幸得到诸位老师及师兄师姐的指导，在此一并致以诚挚的谢意。

大连理工大学经济学院的诸位同事：马庆魁老师、董维刚老师、张国锋师兄、张荣佳老师、张琳老师、刘玉海老师等给予了我许多帮助和支持，和你们在一起的时光非常快乐，谢谢你们。

特别感谢我的家人，是你们的鼓励和包容，给予了我前进的勇气和动力，正是你们为我做出的努力和牺牲，才使本书能够顺利完成。

最后，此书虽已顺利出版，但限于能力，仍存在许多问题。在宏观经济环境面临巨大变革的今天，相关领域的研究也面临着许多新的课题方向，对于这些问题的探索将是我今后学习和工作的重要内容。

逯笑微
2022 年 4 月